AF452581

ALBUM PARISIEN.

Réserve
2805

ALBUM PARISIEN,

Croquis

Sur les Mœurs, les Coutumes, les Ridicules des Habitans

de la grande Ville.

Paris à la Librairie de Castel de Courval, Pont de Savoie, N° 6.

Imprimerie de Stahl,

1827.

Quai des Augustins, N° 9.

Lith. de Engelmann.

Le Spectacle gratis.

Le jeune Hippolyte de Fremincourt venait de remporter deux premiers prix dans son collége, et ses parens, contens de son application, lui promirent de lui donner, pendant les vacances, toutes les recréations que son âge et leur position leur permettaient de lui procurer ; il venait d'atteindre sa dixième année, sa raison commençait à se former, et il était déjà en état de réfléchir sur les choses qui se passaient devant ses yeux. M. de Fremincourt, son père, était un de ces hommes sensés qui connaissent le pouvoir des objets extérieurs, et les sentimens qu'ils peuvent exciter dans l'âme, lorsqu'on amène l'esprit à en calculer les causes et les résultats ; Hippolyte avait grande envie d'assister aux fêtes qui devaient avoir lieu pour la Saint-Louis. M. de Fremincourt lui promit de l'y conduire, et la veille de la fête il le mena pour voir une des représentations *gratis*, par lesquelles on ouvre les réjouissances publiques.

La foule était déjà amassée devant les portes des différens théâtres, et témoignait l'impatience d'en voir ouvrir les portes, par des cris et des trépignemens qui effrayèrent d'abord le jeune homme, et qui l'amusèrent ensuite, par l'examen qu'il fit des différentes grimaces de chacun ; mais lorsqu'on ouvrit, et que la foule se précipitant avec violence, il entendit les cris des femmes et des enfans écrasés par leurs voisins et par les efforts de ceux qui venaient derrière eux pour avancer en repoussant les autres, il ne put résister au sentiment d'effroi et d'horreur dont il se sentit pénétré : comment n'empêche-t-on pas cela ? dit-il à son père, ces gens vont se tuer.—Non pas tout-à-fait, mais il y en aura sûrement quelques-uns de blessés, répondit M. de Fremincourt, on ne peut empêcher la foule dans les fêtes où l'affluence du monde est resserrée dans un espace borné par des murs ; les moyens qu'on employeraient augmenteraient le désordre et les accidens. Les anciens, qui avaient plus que nous encore le goût des spectacles et des fêtes publiques, les donnaient tous en plein air, dans de vastes amphithéâtres, et ils évitaient par-là les inconvéniens qui accompagnent toujours nos réjouissances. — Comment, papa, interrompit Hippolyte, les tragédies de Sophocle et d'Euripide se jouaient en plein air ? — Oui, mon ami. — Mais la voix devait se perdre, et les spectateurs ne devaient rien entendre ? — Cet inconvénient n'avait pas lieu ; les murs qui fermaient l'enceinte de la scène étaient bâtis de manière à renvoyer les sons vers l'auditoire, qui ne perdait rien de la déclamation des poètes ; car, dans les premiers temps, c'étaient les auteurs et leurs amis qui récitaient leurs ouvrages devant le peuple ; plus tard, ils en chargèrent leurs disciples, ensuite il y eut des hommes qui s'exercèrent particulièrement à rendre plus sensibles les beautés des ouvrages qu'on leur confiait ; ils y ajoutèrent la pompe et la magie des décorations : de cette époque date la naissance de l'art dramatique. Chez les Grecs et les Athéniens, il fut honoré, parce que ce fut toujours des hommes libres et des littérateurs qui s'y adonnèrent; tandis que, chez les Romains, il fut avili, parce qu'on le fit exercer par des esclaves. On donna aux acteurs le nom d'*histrions*, et ils furent confondus avec tous ceux qui se consacraient aux amusemens du peuple, dont les divertissemens étaient bien multipliés. — Ah! mon cher papa, expliquez-moi donc ce que c'était qu'un gladiateur, puisque nous sommes à causer sur les amusemens des anciens? — Mon cher enfant, les gladiateurs étaient des gens qui faisaient métier de se combattre, et souvent de se tuer, pour le plaisir du public, qui se délectait dans la vue des efforts que faisaient les combattans pour se porter mutuellement des coups qui pussent triompher des forces de leur adversaire : celui qui parvenait à renverser l'autre et à le forcer de s'avouer vaincu, était proclamé vainqueur, et recevait le prix du combat. Souvent ils combattaient jusqu'à l'entière extinction de leurs forces, et la mort suivait de près le triomphe du vainqueur. — Comment était-il possible de se plaire à ces sortes de jeux? — De tous temps le peuple les a aimés; ne voit-on pas encore les Bretons s'amasser autour d'un homme qui joue du bâton à deux bouts, et les Anglais applaudir aux boxeurs. Si ces combats ne sont pas toujours aussi cruels que ceux des gladiateurs, au moins sont-ils fort dangereux. — Oui, mon papa; mais si vous me permettez une réflexion, je vous observerai que ces combats ont une cause; ils sont amenés par une discussion qui a excité la colère des combattans; et s'ils s'égorgent, ils ne le font pas de sang-froid. — Fort bien pour les combattans; mais pour ceux qui les regardent et applaudissent aux coups qu'ils se portent, l'effet est le même, et l'insensibilité aussi cruelle ; cependant il y a une petite nuance , c'est qu'on ne s'était pas promis ce plaisir , et qu'on ne s'était pas rassemblé de sang-froid exprès pour en jouir ; mais cette nuance est fort peu de chose , et je ne crois pas que nous valions beaucoup mieux que ceux qui nous ont précédés. — Mais, papa , ces jeux n'avaient-ils pas l'avantage d'augmenter les forces en les exerçant. — Peut-être que oui ; cependant chacun de ces exercices avaient leurs athlètes particuliers : celui qui remportait le prix de la course eût été vaincu à la lutte. Tu sais que les lutteurs devaient, étant nus , comme les gladiateurs (mais sans se porter aucun coup) , se saisir, se presser, tellement que l'un des deux parvînt, sans autre secours que la force et la souplesse de ses mouvemens , à jeter son adversaire sur la terre , sans y tomber lui-même , ou du moins sans y rester. Ces jeux étaient moins sanglans que les autres ; pourtant on a vu des lutteurs s'étouffer ou se briser des vaisseaux dans la poitrine par les efforts qu'ils faisaient pour renverser leurs adversaires ; il en était cependant qui réunissaient divers genres de force ; Milon de Crotone portait un bœuf sur ses épaules, le tuait, le faisait rôtir, et le mangeait sans désemparer ; il déracinait un arbre sans le secours d'aucun outil ; il l'arrachait comme nous pourrions faire d'un jeune plan ou d'une mauvaise herbe. — Quel homme en temps de guerre , s'il avait autant de courage que de force ! — Lors même que son courage eût égalé sa force , je crois qu'on serait très-peu en sûreté avec une armée composée d'hommes semblables. Où trouver assez de vivres pour les rassasier ? Puis , après qu'un homme a mangé un bœuf, il n'est plus guère propre à se défendre, il doit être pesant et peu dispos. — Ah! cela est vrai; mais aussi ils pourraient ne manger que tout juste ce qu'il faudrait pour entretenir leurs forces, sans se rassasier. — Oui, ceci serait un moyen; mais Dieu n'a pas voulu multiplier ces êtres dévastateurs; et, lorsqu'il en paraît, ils ne sont ordinairement que des objets de curiosité. Milon fut renommé par sa force, et non par d'éclatans services rendus à sa patrie. — Au moins, à l'exemple d'Hercule, il eût dû détruire les monstres des forêts. — Sans doute, il n'en manqua pas l'occasion lorsqu'il la rencontra; mais dans les combats contre les animaux, ce n'est pas la force qui donne la victoire, c'est bien plutôt l'adresse. Un des spectacles favoris du peuple romain était de voir combattre des esclaves contre des bêtes féroces. On prenait, parmi ceux qui avaient été condamnés à mort, ceux qui voulaient tenter de racheter leur vie en s'exposant à combattre contre des tigres ou des lions, et le peuple, qui se réjouissait d'assister à cet affreux combat, poussait des cris de joie lorsque l'esclave était vain-queur. On raconte qu'un jour un malheureux ilote (1), qui avait déplu à son maître, et avait été condamné à combattre contre un lion furieux, qui était la terreur de la ville, dut la vie à la reconnaissance de ce noble animal. Pendant un voyage que cet esclave, libre alors, avait fait dans l'intérieur de l'Afrique, il avait rencontré un lion blessé et presque mourant, dont le regard semblait implorer la pitié. Cet homme,

---

(1) On appelait ainsi les peuples vaincus, qui, après leur soumission, s'étaient révoltés, et avaient été en punition réduits à l'esclavage, et partagés aux soldats.

touché de l'expression de douleur peinte sur la figure de ce terrible animal, céda à un mouvement de sensibilité, qui le porta à prendre soin de cet être souffrant : il s'approcha du lion, arracha de son flanc une flèche qui l'avait atteint, et qu'il avait emportée avec lui au fond de la forêt, lava la plaie, la pansa avec des simples, dont il connaissait l'effet, et versa de l'eau dans la gueule de l'animal expirant. Ce secours fut apprécié par le lion ; car dès que le voyageur eut achevé de bander sa plaie, il souleva une de ses pattes, et la posa entre les mains de son bienfaiteur, qui s'aperçut qu'elle était prodigieusement enflée, et en retira une longue épine qui était entrée très-avant dans la chair : il pansa la patte comme il avait fait à l'autre blessure, et resta deux jours à soigner le lion, à qui il sacrifia presque toute son eau, sans être bien sûr d'en trouver assez tôt pour ne pas beaucoup souffrir de cette privation, ce que l'animal sembla deviner ; car dès qu'il put marcher, il se leva, et se mettant devant celui à qui il devait la vie, en le regardant comme pour l'inviter à le suivre (ce que fit celui-ci), il le conduisit auprès d'une source, qui filtrait imperceptible-ment entre deux rochers ; le voyageur y remplit son outre, et après avoir lavé et pansé de nouveau le lion, il poursuivit son chemin. L'animal le regarda pendant quelque temps, puis disparut dans l'épaisseur de la forêt. De retour dans sa patrie, le voyageur avait oublié l'animal ; et lorsqu'on le condamna à être livré au lion, il se prépara à défendre courageusement sa vie. Quelle fut donc sa surprise, et celle de toute l'assemblée, lorsqu'arrivé dans l'arène et qu'on eut lâché contre lui un lion énorme, qui, s'élançant vers lui la gueule ouverte, l'œil étincelant, la crinière hérissée, battant ses flancs, et poussant d'horribles rugissemens, on le vit s'abattre devant lui dans l'attitude d'un chien qui reconnaît son maître, lécher les pieds de celui qu'il venait dévorer, en fixant sur lui des regards où se peignait la joie, tandis que sa voix terrible poussait des sons inconnus, et qui n'étaient plus ceux de la colère ! A ce regard, à cette action si étonnante, l'infortuné reconnut le lion de la forêt, et se pencha vers lui pour le caresser. Noble créature, s'écria-t-il, tu as conservé le souvenir du service que je t'ai rendu ! Combien d'hommes te sont inférieurs en reconnaissance ! Mais, ainsi que moi, tu es tombé dans l'esclavage, et nous ne pouvons plus rien l'un pour l'autre ; tu m'as épargné, je n'attenterai pas à ta vie pour sauver la mienne, mais je ne puis te rendre la liberté : il se trompait ; le peuple, étonné, demanda à grands cris à connaître la cause d'un spectacle si extraordinaire : on voulut entrer dans l'arène pour demander à l'esclave l'explication de cet événement ; mais les rugissemens du lion apprirent que s'il était plus doux qu'un agneau pour celui aux pieds duquel il s'était couché, il n'avait pas cessé d'être le terrible habitant des forêts pour tout autre que lui. On cria donc à l'esclave de quitter l'arène, et de venir rendre compte au peuple de la cause de ce phénomène ; mais le lion s'opposa également au départ de son bienfaiteur : il fallut que celui-ci le flattât, et s'avançât peu à peu avec lui assez près des spectateurs pour en être entendu. Alors il se fit un grand silence, et l'esclave ayant raconté ce qui lui était arrivé dix ans auparavant dans son voyage en Afrique, le peuple demanda la grâce de l'esclave et celle du lion : il l'obtint, et se cotisa pour faire une somme, et racheter la liberté de celui à qui la reconnaissance du lion avait sauvé la vie. Le maître l'accorda d'autant plus volontiers, qu'il semblait que le terrible animal avait compris le péril qu'avait couru son bienfaiteur, et qu'il n'attendît que ses ordres pour dévorer ses oppresseurs. L'esclave, redevenu libre, n'abandonna pas son reconnaissant ami ; il demanda qu'on lui laissât le lion. Comme il eût fallu le tuer pour l'empêcher de suivre son bienfaiteur, on le lui accorda, et l'esclave reçut en ce moment le prix du sentiment qui l'avait porté à secourir l'habitant des forêts. Il sortit avec lui de l'arène où il devait trouver la mort. Peut-être parmi les spectateurs y avait-il quelques personnes à qui il avait rendu service.—Le lion alors était bien au-dessus d'elles, interrompit Hippolyte ; je vous avoue, mon cher papa, que ces combats de bêtes féroces contre des hommes, nuit singulièrement aux Romains dans mon esprit : on nous représente ce peuple comme doué de grandes vertus : je vois bien dans l'histoire, de belles, de grandes actions ; mais combien de barbarie, de cruauté, d'injustice ! Mon fils, telle est l'histoire de la vie humaine, quelque bien que l'on fait sonner bien haut, plus de mal que l'on passe sous silence ou que l'on pallie, et beaucoup d'inutilité. Il est vrai que le peuple romain paraît plus grand qu'il ne l'a été en effet, à cause des immenses travaux auxquels il a attaché son nom, et qui ont été faits, non pas par lui positivement, mais par ceux qu'il s'était allié, soit par la force de ses armes, soit par la terreur de son nom, qui faisait désirer à tous ses voisins de n'être pas en guerre avec lui. Or, comme il a soumis ainsi, de proche en proche, presque tous les peuples connus à cette époque, on trouve donc des monumens de son passage dans toute l'Europe, dans l'Afrique et dans une grande partie de l'Asie. Les Romains étaient essentiellement conquérans, parce que l'intérêt des gouvernans étant de distraire le peuple des soins du gouvernement auquel il était appelé, il fallait susciter continuellement des guerres pour l'occuper au-dehors; mais cela n'est plus de ta compétence.—Pardon, mon papa, je vous comprends très-bien, et je conçois aussi, que dans une domination aussi étendue, il a dû se passer une infinité de belles actions, se rencontrer beaucoup d'hommes vertueux, sans que pour cela le nombre en ait été plus grand que dans les autres pays, proportionnellement à la quantité d'individus.—Il y a bien quelque chose de vrai dans cette remarque; cependant les actions dont l'histoire nous a donné connaissance, et que nous admirons, telles que le dévoûment de Régulus, la générosité de Scipion, la constance de Mutius Scévola, ont toutes été faites par des Romains, et ne sont plus (comme pour les monumens), des alliés qui en ont été les véritables auteurs. Ces actions appartiennent toutes aux Romains; mais l'ambition peut-être y eut autant de part que l'amour de la patrie : cependant cet amour existait en effet, et ce sentiment est bien capable d'inspirer de grandes choses. Il serait à souhaiter qu'on le développât davantage dans le cœur des jeunes gens, qu'on leur apprît qu'aimer Dieu, servir la patrie, honorer ses parens, sont les premiers devoirs de l'homme et du citoyen.

A ce moment le père et le fils furent comme portés dans l'intérieur de la salle; le bruit se faisait encore entendre, mais la foule n'existait plus. M. de Fremincourt et son fils s'assirent au parterre, et peu d'instans après la toile se leva. Alors le plus grand silence régna dans l'assemblée; ce peuple si bruyant écouta avec attention, et ce goût, inné chez les Français comme chez les Athéniens, leur fit applaudir les passages véritablement remarquables de la pièce. M. de Fremincourt en fut frappé ; il n'avait jamais assisté à une représentation *gratis* et ne s'en faisait pas d'idée ; il n'y eut pas le plus léger bruit pendant que les acteurs furent en scène ; mais dès que la toile se baissait, il s'établissait les conversations les plus singulières entre le parterre et les loges, et au milieu de beaucoup de choses insignifiantes ou triviales, il arrivait tout à coup des mots heureux, des éclairs d'esprit pleins de sel et de gaîté. La pièce finie, le tumulte recommença ; mais M. de Fremincourt laissa sortir la foule, et se retira avec son fils sans le moindre accident, se promettant pour le lendemain journée complette : ils voulaient visiter les Champs-Élysées, assister aux feux d'artifices, aux distributions de pain, de vin et de viandes : c'était un peu fatigant ; mais que ne fait pas un père pour instruire et amuser son fils !

Lith. de Engelmann.

Les Champs-Elysées.

A midi M. de Fremincourt, sa femme et leurs enfans se mirent en marche pour se rendre au Champs-Elysées. Il y avait à peine un quart-d'heure qu'ils y étaient arrivés, lorsque le canon tira, et que les joutes sur l'eau s'ouvrirent. Les enfans s'en amusèrent beaucoup : ensuite ils allèrent voir monter aux mâts de Cocagne. Les efforts que faisaient ceux qui essayaient d'y grimper, les ruses qu'ils employaient pour y parvenir, leur désappointement lorsqu'arrivés au tiers du mât ils glissaient rapidement jusqu'en bas, faisait pousser aux enfans des cris de plaisir. De tous ceux qui ont jusqu'ici essayé leur adresse, leur dit M. de Fremincourt, aucun ne parviendra au but. Pourquoi cela papa, demanda Hippolyte ? Parce que ceux qui sont habitués à ces sortes de jeux ne s'avisent pas de venir les premiers à l'assaut ; ce mât est lisse et savonné ; tous ceux qui essayent, mettent de la cendre ou du sable fin tout du long de l'arbre ; en glissant dessus, ils enlèvent une partie de la graisse qui les empêchent de parvenir, de manière que ceux qui viendront après auront moins de peine à arriver jusqu'à la hauteur déjà parcourue, et qu'ils n'auront d'efforts à faire que pour la partie à laquelle les autres n'auront pu atteindre. Il en est presque de tout de même, mes enfans, avec de la patience, et en profitant des fautes des autres et de l'expérience qu'on a acquise à leurs dépens, on parvient à réussir ; mais il faut apprendre à réfléchir, à calculer ce qu'on voit faire aux autres, à modérer son impatience, et à ne pas dédaigner les conseils de ceux qui nous ont précédés. — Bah ! dit madame de Fremincourt en regardant sa fille en souriant, vous n'y pensez pas, il n'y a rien de si ennuyeux que tout cela : prendre des conseils et avoir de la modération !... C'est bon pour de vieilles gens, qui ont déjà le sang gelé dans les veines ; mais pour de jeunes personnes, ce n'est pas nécessaire : elles ont l'esprit vif, le jugement prompt, et d'un coup d'œil elles ont vu ce qui convient. — Grâce, maman, interrompit la gentille Isabelle, je ne serai plus si sotte ; il m'en a déjà coûté assez pour avoir eu cette folle présomption. — Assez, non ; car tu n'es pas encore guérie. — Je vous assure. — N'assure rien, ma fille ; je lis dans ton cœur mieux que toi. En ce moment on se trouva devant une jeune fille qui dansait sur la corde, et la foule qui entourait le théâtre admirait sa jolie tournure, sa légèreté, ses grâces : lorsqu'elle eut épuisé ses forces, elle descendit de dessus la corde, et madame de Fremincourt fit remarquer à sa fille les traits flétris et amaigris de cette malheureuse. Elle la regardait avec un sentiment de pitié, lorsqu'une exclamation, qu'elle étouffa pour ne pas attirer l'attention de la multitude, lui échappa, et elle dit tout bas à Isabelle : Ne reconnaissez-vous pas cette malheureuse !... — La jeune personne jeta un nouveau coup d'œil sur la danseuse. Dieu ! s'écria-t-elle. Madame de Fremincourt l'entraîna hors du cercle, en lui disant : voyez, chère enfant, où mène l'ingratitude et l'égoïsme; Dieu abandonne presque toujours les enfans qui ne remplissent pas leurs devoirs envers leurs parens. Vous avez reconnu cette fille ; c'est bien elle, c'est bien Cécile. — Oui, maman, je le vois et ne puis en croire mes yeux. Comment se peut-il ? Une fille bien née, bien élevée !... — Je vais vous le dire : la mère de Cécile a éprouvé des malheurs, elle a perdu toute sa fortune ; mais cette femme courageuse a cherché dans son travail des moyens d'existence, et a désiré que sa fille la secondât dans ses travaux : elles vivaient très-retirées, ne pouvant se permettre que très-peu de dépenses. Mad. . . . . . . fuyait la société ; Cécile s'ennuya de cette solitude, elle tourmenta sa mère pour la laisser aller chez un parent dont la maison offrait tous les agrémens de la richesse, et qui avait fait des instances pour l'avoir, disant que sa femme en aurait le plus grand soin ; qu'elle serait son enfant, et qu'on trouverait à la marier. En vain cette malheureuse mère observa à sa fille qu'il valait mieux pourvoir à ses besoins par un travail honorable, que de vivre aux dépens des autres. Cécile, entraînée par le désir de voir du monde, et par la crainte de partager les privations que s'imposaient sa mère, fit tant, reprocha tellement à sa mère qu'elle l'empêchait de profiter du bien qu'on voulait lui faire, et qu'elle pourrait trouver à s'établir, etc., etc., que, fatiguée de toutes ces discussions, et voyant le peu d'attachement que sa fille avait pour elle, elle consentit à la laisser aller, où tous ses vœux l'appelaient.

A peine Cécile fut-elle trois mois chez son parent que sa paresse, sa coquetterie et son égoïsme la firent détester de ces mêmes parens qui l'avaient accueillie avec bonté. Elle repoussa leurs avis, leurs remontrances, avec plus d'humeur encore qu'elle n'avait fait de celles de sa mère : elle s'ennuya de leur maison, et suivit une dame qui voulait lui procurer, disait-elle, une existence plus agréable. J'ignore qui était cette femme, ni où Cécile en avait fait la connaissance ; mais ne se plaisant plus chez ses parens, ne croyant pas leur devoir de soumission, elle ne leur parla de rien, et suivit cette dame, qui vint la chercher pour faire un tour de promenade. Depuis ce temps toutes les recherches que l'on fit pour se procurer quelques lumières sur le sort de Cécile furent vaines : ses parens furent d'abord fort affligés ; mais comme c'était un sujet peu aimable, ils l'eurent bientôt oubliée, tandis que la pauvre mère, désolée de la perte de cette malheureuse, vit accablée sous le poids d'une douleur qui ne peut plus finir ; car les traits de cette misérable portent l'empreinte du vice, aussi bien que de la misère et de la dégradation : elle a fui une existence laborieuse, mais honorable, pour se procurer de la dissipation , et elle est tombée dans l'opprobre et la misère !... Tout est fini pour elle ; car si le repentir peut effacer les fautes d'une femme aux yeux de Dieu, le monde, plus sévère, ne lui pardonne jamais, et elle est déshonorée sans retour. Comme madame de Fremincourt finissait ces mots, la coupable Cécile, qui l'avait reconnue, s'approcha timidement, en disant : ayez pitié de moi, sauvez-moi de l'esclavage dans lequel je suis tombée ; on m'a vendue à une femme qui m'a obligée à faire le métier de danseuse de cordes ; je ne mange que la moitié de ce dont j'ai besoin ; je manque de tout, on me bat dès que je ne fais pas ce qu'on veut ; enfin, je suis la plus malheureuse créature du monde : je l'ai mérité, je le sais ; mais que l'humanité vous porte à me secourir. — Vous ne pouvez aujourd'hui quitter ce vil métier, répondit madame de Fremincourt, vous appartenez au public en ce moment, allez continuer votre tâche : demain, je réclamerai des autorités le droit de vous ôter des mains de celle dont les conseils vous ont été si funestes ; mais je vous en avertis, ce sera pour vous faire entrer dans un couvent. — J'y consens, Madame, répondit l'infortunée, le pain de l'infamie est bien amer pour celle qui n'a pas l'âme entièrement corrompue. — Je le crois ; allez, il ne faut pas que l'on remarque votre absence : donnez-moi seulement le nom de votre maîtresse et son adresse. — La voici, dit Cécile en jetant un papier par terre, on me regarde, je ne veux pas avoir l'air de vous parler ; et la malheureuse rejoignit les planches en affectant de ne pas tourner les yeux du côté de ces dames. Celles-ci ramassèrent l'adresse de Cécile, et se promirent de la soustraire le lendemain au malheur auquel elle-même s'était condamnée en quittant la maison de sa mère, dans l'espérance d'être mieux ailleurs. Ah ! maman, dit Isabelle en serrant les mains de madame de Fremincourt, si Cécile eût aimé sa mère comme je vous aime, elle n'eût jamais éprouvé toutes ces infortunes, car elle n'eût pas eu la pensée de l'abandonner : ah ! si vous étiez malheureuse, je travaillerais jour et nuit pour subvenir à vos besoins ; non-seulement je voudrais partager vos peines, vos privations, mais je chercherais à en prendre la plus forte partie, afin de diminuer les vôtres. — Ma chère enfant, c'est que tu as un cœur bon et sensible, et Cécile n'en a pas du tout. Examine que ce n'est pas la douleur qu'elle a causée à sa mère qui excite ses regrets, c'est seulement la misère qu'elle éprouve et la honte de sa position qui l'occupent; lorsqu'il n'y a pas de sensibilité dans une âme, que l'intérêt personnel est le mobile de tous ses sentimens, il n'y a rien de bon à espérer d'elle. M. de Fremincourt arriva en ce moment avec ses fils, et l'on reprit la promenade. Pourquoi appelle-t-on ce côté le Cours-la-Reine, dit Hippolyte ? — Parce qu'il fut planté par les soins de la reine Marie de Médicis, et fut à cette époque la promenade de la Cour, répondit M. de Fremincourt. — Et cette allée qui traverse au bout de ce carré, pourquoi l'appelle-t-on l'allée des Veuves ? — Parce que l'étiquette exigeait autrefois des veuves un appareil de douleur tellement sévère, que pendant six semaines les femmes de haut parage devaient rester enfermées dans un appartement dont les jalousies étaient baissées; qu'il ne leur était permis de prendre l'air que dans une voiture drapée de noir, et dans un endroit solitaire éloigné de tous les regards. Comme cette allée remplissait ces conditions, elle fut bientôt le rendez-vous des veuves, et en reçut le nom qu'elle a toujours conservé depuis, quoique sa destination ne soit plus la même. — Les Champs-Elysées existaient-ils avant le Cours-la-Reine ou s'ils furent plantés depuis, demanda Isabelle ? — Ce ne fut qu'en 1670, sous Colbert, que la première plantation des Champs-Elysées fut faite, dit M. de Fremincourt; on la recommença en 1770, ce qui rend les plantations du Cours-la-Reine beaucoup plus anciennes que celles des Champs-Elysées. Le tambour vint interrompre la conversation de M. de Fremincourt et de ses enfans. L'on se tourna du côté d'où venait le son ; et on se trouva en face de Polichinel, qui rossait un pauvre malheureux chat, en lui adressant des reproches plus ou moins comiques, mais qui excitaient toujours le rire des spectateurs, peut-être à cause du son de voix de Polichinel, qui amuse toujours ceux qui l'écoutent ; mais le chat, qui ne s'amusait pas d'être battu, quoique ce fût pour rire, profita de la rupture d'un des cordons qui l'attachaient pour se sauver. La cabane qui servait de théâtre à son maître était adossée contre un arbre ; le pauvre animal s'élança dessus, grimpa lestement jusqu'à la branche la plus voisine d'un autre arbre, et, sautant ainsi d'arbre en arbre, il parvint, malgré les cris et les efforts de la multitude, à s'échapper des mains de maître Polichinel, qui, quoiqu'il ne fût qu'une marionnette, ne laissait pas de lui faire du mal. Au milieu du brouhaha qu'avait excité la fuite du chat, un enfant se trouva perdu ; il pleurait en appelant sa mère, et ne répondait que très-imparfaitement aux questions qu'on lui faisait pour pouvoir la lui faire retrouver. La foule qui s'était d'abord empressée autour de lui s'écoula peu à peu ; il était mal vêtu, et on proposa de le mener au corps-de-garde pour attendre les réclamations de la mère. L'enfant, qui comprit ce qu'on voulait faire de lui, pleura plus fort en priant qu'on le laissât libre de chercher sa mère, qu'il parviendrait à la retrouver, qu'il ne demandait rien que de le laisser aller. Celui qui avait proposé de le mener au corps-de-garde, insistait pour l'y conduire malgré ses pleurs, lorsque M. de Fremincourt, s'approchant de cette personne, lui dit qu'il s'engageait à ne pas perdre de vue cet enfant, et la priait de le laisser libre. — Vous pourrez vous repentir de votre complaisance, Monsieur, répondit le partisan de la mesure de sûreté ; cet enfant, qui a peur du corps-de-garde, doit appartenir à des filoux, puisqu'il sait déjà craindre ce lieu, qui n'est à redouter que pour les malfaiteurs. — Je ne juge pas si vîte, répartit M. de Fremincourt ; je conviens que vos soupçons peuvent être fondés ; cependant, avant de condamner les gens, je me donne la peine de vérifier si les apparences qui déposent contre eux sont réelles ; ainsi, laissez-moi ce soin. Cette personne, qui n'était que défiante, n'insista pas davantage, et s'éloigna. M. de Fremincourt dit à l'enfant de le suivre, qu'il ne voulait pas le mener au corps-de-garde, mais seulement lui parler. L'enfant obéit. Dès qu'ils furent un peu à l'écart, M. de Fremincourt lui demanda pourquoi il n'avait pas voulu aller au corps-de-garde. — Je vais vous le dire, Monsieur, répondit l'enfant, mais ne me trahissez pas, je vous en conjure, je mourrais de chagrin. — Je te le promets, quelles que soient tes raisons, car tu m'as l'air honnête ; et si tu es engagé dans un mauvais chemin, je t'en tirerai ; parles. — Monsieur, dit timidement l'enfant, ma mère est aveugle, et je mendie pour la nourrir : si j'allais au corps-de-garde, on m'enverrait au dépôt. — Eh bien ! tu y apprendrais à travailler. — Oui, Monsieur, mais qui aurait soin de ma mère, qui la consolerait, qui l'aimerait ? Elle n'a que moi pour la promener, la distraire : c'est en travaillant pour soutenir mon père pendant la longue maladie dont il est mort, qu'elle s'est affaibli la vue : le chagrin, les larmes l'ont rendue aveugle ; elle m'a nourri lorsque j'étais incapable de lui rendre aucun service, n'est-il pas juste que je la nourrisse aujourd'hui en implorant la charité des riches , jusqu'à ce que je sois assez fort pour le faire par mon travail ; car ne croyez pas, Monsieur, que je veuille mendier toujours? J'apprends à travailler, ajouta-t-il d'un air capable qui fit sourire M. de Fremincourt et même ses enfans, car celui qui parlait avait tout au plus sept ans, et n'en paraissait pas avoir cinq.—Et qu'apprends-tu? lui demanda M. de Fremincourt.—J'apprends à ramoner les cheminées ; dans trois mois je saurai mon métier ; je travaillerai encore trois autres mois pour celui qui me montre , et dans six mois je pourrai nourrir ma mère sans rien demander à personne. — Et ta mère, que fait-elle ? où loge-t-elle ? — Ah ! où elle loge ! heureusement qu'elle n'y voit pas ! Elle loge dans un grenier qu'une bonne dame de la maison où nous demeurions du temps de mon père nous a donné par charité. Ma mère croit demeurer dans une chambre , plus haut que celle où elle est tombée malade à la mort de mon père , et dont elle s'est relevée aveugle il y a trois mois ; c'est cette dame qui m'a dit : Petit Pierre, ta mère a perdu la vue ; je lui ai proposé de te faire entrer aux orphelins , et de chercher à lui obtenir une place à l'hospice; elle m'a dit que ce serait comme je voudrais , mais qu'elle mourrait de chagrin d'être privée de toi : il faut que tu fasses quelque chose pour sa subsistance et la tienne ; tu es encore trop petit pour travailler; va à l'église, et demande à ceux qui y entrent ; lorsque tu n'auras rien, je te donnerai ; et dès que tu seras en état de travailler , tu le feras, car je ne suis pas riche , malheureusement. Cette bonne dame a vendu le peu de meubles que nous avions pour payer notre loyer ; elle a gardé seulement un matelas pour coucher ma mère , une table , une chaise , et le peu d'argent qui est resté , je l'ai priée de le garder pour acheter des habits à ma mère pour cet hiver : jusqu'ici Dieu a béni le désir que j'ai de fournir à ses besoins ; on m'a toujours donné assez , puis je fais quelques petites commissions par-ci par-là, car je suis si petit que l'on n'ose se servir de moi ; ma mère tricote , et croit que c'est son ouvrage qui suffit à nous nourrir. Je ramone cinq heures par jour avec mon maître ; ma mère croit que j'y passe tout le jour ; mais le reste du temps je l'emploie à demander la charité.—Pauvre petit, s'écrièrent à la fois tout les enfans de M. de Fremincourt , dont les yeux étaient mouillés de larmes, et au même instant tous fouillèrent à leurs poches pour verser dans les mains du petit Pierre tout ce qu'elles contenaient ; argent, bonbons, fruits, gâteaux, tout fut donné. Leur père les regardait avec attendrissement , et mit le comble à leur joie , en leur disant que s'ils voulaient le petit Pierre ne mendierait plus. —

—Comment cela , papa ? demanda Isabelle avec empressement. —Rien de plus aisé ; vous venez de donner spontanément, c'est un mouvement de sensibilité, c'est bien ; mais celui qui est seulement capable de faire le bien parce qu'on l'a ému, n'est ni véritablement bon ni véritablement sensible : celui qui possède ce don de l'âme, met de la suite dans ses bienfaits ; il se prive pour assurer l'existence des autres ; toi, Isabelle, ta mère te donne 10 fr. par mois pour tes souliers, tes gants, tes ceintures, ne pourrais-tu prendre là-dessus quelque chose ? — Oui, mon papa, je puis porter mes gants plus long-temps, m'en passer même. — T'en passer, non, mais les soigner davantage, ne les pas perdre ou salir en deux jours. — Moi,

dit Hippolyte, vous me donnez 20 fr. pour mes papiers, plumes et menus dépenses, je puis donner 5 fr. — Moi, j'ai 5 fr., dit Julien, je donnerai 40 sous.
— Moi, je donnerai aussi 40 sous, s'écria Amélie. — Tais-toi, reprit Julien d'un
air capable, tu n'as que 20 sous. — C'est égal, j'en donnerai 40. — Et comment
feras-tu pour cela ? — Je le sais bien. — Mais enfin, quand on n'a que 20 sous, il
est impossible d'en donner le double. — Quand on n'en a pas assez, on en gagne,
reprit la jolie enfant avec un petit air important ; maman a des serviettes à marquer, elle donne un liard par lettre, j'apprendrai à marquer demain ; au lieu de
jouer, je marquerai les serviettes pendant la récréation, et dans le mois je gagnerai
bien les 20 sous qui me manquent. Madame de Fremincourt embrassa tendrement
sa petite Amélie, et dit aux autres enfans : Voilà, mes amis, comme on mérite
véritablement le titre de bienfaisant, comme on devient véritablement bon, c'est
en se privant pour donner, en travaillant pour soulager la peine des autres ; on a
bien peu de mérite quand on ne donne que ce qu'on a de trop, et, dans ce cas,
on ne donne que par caprice, par occasion et par vanité ; on n'a nul mérite, ni
aux yeux de Dieu, ni à ceux des hommes. Vous nous avez tous donné un trop bel
exemple pour que nous ne le suivions pas, ajouta M. de Fremincourt ; de ce moment, dit-il au petit Pierre, qui pleurait de joie, tu n'auras plus besoin de mendier
pour nourrir ta mère, nous aurons soin d'elle, nous te mettrons en apprentissage
sans te séparer d'elle ; tu pourras la soigner, la consoler, la distraire, et la
rendre heureuse par ta tendresse ; mais allons d'abord la chercher, ajouta-t-il, en

relevant le pauvre petit garçon qui était à ses pieds , et serrait ses jambes contre son cœur : Viens , voilà la distribution qui va commencer : si elle se trouvait dans la foule , elle pourrait être blessée; peux-tu te rappeler où tu l'as laissée ? — Oh ! Monsieur , c'est ce maudit Polichinel qui en est cause ; j'ai fait asseoir ma mère quelque part là autour pour aller le regarder ; la foule m'a entraîné après le chat , et j'ai été effrayé de me voir si loin ; mais si vous avez la bonté de me remettre dans la direction où était le Polichinel , je retrouverai ma mère bien sûrement. En effet, après avoir marché quelque instans, petit Pierre se mit à courir, et se jeta dans les bras d'une femme très-proprement habillée, qui le serra tendrement sur son sein. M. de Fremincourt dit au petit Pierre de conduire sa mère à la laiterie , qui était un peu plus loin , et de l'y attendre avec elle , qu'après la fête il viendrait avec sa famille les reprendre pour les installer d'une manière plus convenable , et ils s'acheminèrent vers la grande allée , où se faisait la distribution des comestibles.

Lith. de Engelmann.

 La Distribution gratis.

Les cris, le tumulte et l'empressement de la multitude appelèrent l'attention de la jeune famille de M. de Fremincourt sur ces buffets d'où quatre hommes lançaient à tour de bras, au milieu de la foule, des pains, des cervelas, et même de la volaille rôtie. On se pressait autour de ces buffets, qui, établis de distance en distance tout le long de la grande avenue, distribuaient en même temps au peuple, afin que les mêmes personnes ne pussent pas recevoir à plusieurs endroits. Quelques-uns portaient des paniers attachés au bout de grandes perches, et s'en servaient pour attraper en l'air les comestibles qu'on y lançaient; d'autres, en levant la tête pour voir s'il venait quelque chose de leur côté, recevaient sur le nez un pain ou un cervelas, qui, les frappant rudement, leur mettait la figure en sang; et le pis de l'affaire était que, pendant qu'ils y portaient la main pour l'essuyer, leurs voisins s'emparaient des objets qui les avaient blessés, et souvent il s'en suivait une querelle qui amenait de nouvelles balafres. Mais c'était la distribution du vin qui était la plus orageuse : les pièces de vin étaient disposées de manière à former quatre fontaines, au-dessous desquelles se précipitaient la multitude avec des vases de toute espèce ; mais les fontaines ne coulant pas assez vite au gré des buveurs, ils tendaient des brocs, des sceaux, des cruches, que ceux qui étaient chargés de la distribution avaient la complaisance de remplir et de leur faire passer. On voyait quelquefois deux, trois hommes montés sur les épaules les uns des autres, pour arriver, par ce moyen, jusqu'à la hauteur du buffet, afin de donner et de reprendre leur sceau. L'aspect de toute cette multitude étaient la chose du monde la plus comique ; les uns, enchantés des provisions qu'ils avaient recueillies, se retiraient en chantant, pour manger un peu plus loin ce qu'ils avaient ramassés ; d'autres, la figure barbouillée, les vêtemens en désordre, se plaignaient, étant déjà à moitié ivre, de n'avoir pu rien attraper encore ; d'autres, vautrés dans la fange, et offrant l'image de la plus dégoûtante ivresse, prouvaient qu'ils n'avaient que trop été favorisés par le sort, et qu'il n'était plus possible que rien entrât dans leurs corps. M. de Fremincourt fit observer à ses enfans combien l'ivrognerie était dégradante, puisqu'en privant l'homme de sa raison elle le plongeait dans un état d'impassibilité qui le mettait au niveau de l'animal le plus dégoûtant. — Oh ! mon cher papa, dit Hippolyte, ce vice ne peut jamais devenir le nôtre. — Mon fils, l'homme qui sait surmonter toutes les inclinations contraires à ses devoirs, est le seul qui puisse répondre qu'il n'aura pas tel ou tel vice : j'ai connu un enfant de dix ans qui est devenu ivrogne ; mais ivrogne au point de ruiner sa santé, uniquement par entêtement et désobéissance, esprit de contradiction.

On avait conseillé à ses parens de lui faire boire de la bière; cette boisson convenant mieux à son tempérament que le vin. Cet enfant qui, avant qu'on lui eût donné de la bière, en buvait avec plaisir, se persuada qu'il ne l'aimait pas, et que c'était uniquement pour le contrarier qu'on avait imaginé cela. Un monsieur dit un jour devant lui que les médecins étaient tous des ânes, et qu'il suffisait qu'ils lui ordonnassent une chose pour qu'il fît le contraire. Comme cette personne était un de ces êtres indifférens que l'on rencontre dans la société, et dont on ne s'amuse pas à relever les sots discours, on se contenta de lui répondre qu'il pourrait bien se trouver fort mal quelque jour de cette manière d'agir, et on parla d'autre chose. Le petit Jacmin avait applaudi intérieurement à cette sottise, et, fort de l'opinion de cet imbécille, il ne manqua pas, quelques jours après, de dire qu'il n'avait nulle confiance dans les médecins, et qu'ils ne connaissaient rien aux maladies qu'ils prétendaient guérir. En vain ses parens cherchèrent-ils à lui prouver qu'il était ridicule à un jeune homme qui ne savait encore rien, de trancher ainsi et de parler de cette manière de gens estimables, qui avaient employés quarante années de leur vie à l'étude; que, sans doute, cette étude ne les avaient pas rendus infaillibles, qu'ils pouvaient se tromper quelques fois, mais que bien plus souvent ils aidaient la nature, soulageaient les malades, et parvenaient à vaincre les maladies. A tout cela l'entêté répondait : « Que voulez-vous, je n'ai aucune foi aux

4

« médecins. » Ses parens cessèrent de raisonner avec un être aussi peu susceptible de raisonnement, et lui dirent simplement : Eh bien ! comme il n'est pas ici question de médecins, mais d'une boisson qui est celle de beaucoup de pays, tu feras comme si tu étais en Flandre, où généralement on ne boit que de la bière, tu t'en contenteras ; et si cela te fait du bien, comme nous le croyons, la foi te viendra sûrement ; en attendant nous n'en parlerons plus, puisque tu te crois assez savant pour juger des choses au-dessus de la portée des plus instruits. Il n'en fut plus question, en effet. On servit au jeune Jacmin de la bière à tous ses repas ; ses parens en burent aussi pour lui prouver que cela n'avait aucun inconvénient ; mais lui, résolu intérieurement d'éluder l'ordonnance, saisissait tous les instans où il n'y avait personne qui pût le voir, pour boire quelques doigts de vin à la dérobée : il continua ce manége pendant six mois ; mais peu à peu il s'accoutuma si bien au vin, que d'un doigt il vint à un demi-verre, puis à un verre ; bref, il arriva à la bouteille. Il devint maigre, jaune, son estomac s'affaiblit, il ne pouvait presque pas manger. Le médecin fut appelé de nouveau ; il déclara qu'il y avait une inflammation générale, qu'il ne fallait pas que le jeune homme bût ni vin ni liqueur, ni aucune boisson fermentée ; il le mit à l'eau d'orge et à un régime rafraîchissant : ce fut ce qui le conduisit à l'ivresse, et fit découvrir à ses parens le vice qu'il avait contracté ; moins il avait d'appétit, plus il pensait qu'il devait boire pour se donner des forces : d'ailleurs il avait contracté le goût du vin, et il était devenu véritablement ivrogne. Il s'enivra donc ; les suites de son intempérance devinrent visibles. Ses parens crurent d'abord que c'était accidentel, et on lui fit une douce réprimande de son peu de docilité aux ordres du médecin ; de son côté le jeune homme résolut de s'observer ; mais une fois qu'une mauvaise habitude ou un vice se sont emparés de quelqu'un, ils deviennent plus forts que la raison et que toutes les résolutions : c'est en vain qu'on voudrait temporiser avec eux, il faut ou rompre tout-à-fait en se corrigeant, ou l'on devient leur esclave ; c'est ce qui arriva à Jacmin. Tout en se promettant de ne boire que modérément, il s'enivra de nouveau ; alors ses parens, effrayés, examinèrent sa conduite : il fut bientôt découvert, et leur consternation fut extrême, car ils pouvaient bien empêcher leur fils de se livrer à un excès aussi avilissant, mais cela ne détruisait pas son penchant pour ce vice dégradant, et c'était là le point essentiel. Ainsi, après s'être consultés, les malheureux parens se dirent, à l'exemple de la reine Blanche, qu'il serait moins douloureux de perdre leur fils que de le conserver pour le voir se plonger dans le vice, et ils résolurent, au lieu d'enfermer le vin et de surveiller leur fils, de laisser tout à sa disposition comme à l'ordinaire, et de chercher, sans affectation, à le faire trouver dans la compagnie de gens ivres. Cela était assez difficile, car l'ivrognerie est plus le défaut de ceux qui boivent rarement du vin, que celui de ceux à qui l'aisance permet d'en avoir à chaque repas ; mais la Providence, qui sait tirer un bien du mal même, permit que le jeune homme reçut une de ces sanglantes leçons qui se gravent dans une âme lorsqu'elle n'est pas entièrement corrompue.

Un lundi que M. Jacmin avait mené promener son fils du côté des barrières, qui sont le rendez-vous ordinaire de ceux qui aiment le vin à bon marché, un homme assez bien mis, mais que son cheval conduisait, fut rudement jeté à terre et tomba à leurs pieds tout fracassé. M. Jacmin fut des premiers à s'empresser autour de lui, à le relever et à le soulager. On apporta de l'eau, du vinaigre; M. Jacmin lui fit respirer du sel d'Angleterre. Cet homme revint à lui; mais l'ivresse la plus complette lui ôtait la faculté de répondre à ce qu'on lui demandait. Ce malheureux avait la jambe cassée et l'épaule demise, il jurait et criait; mais on ne put tirer de lui ni son nom ni son adresse : on voulut le fouiller pour savoir si on ne trouverait pas quelques renseignemens sur lui, mais il n'avait aucun papier, il fallut le conduire à l'hôpital le plus voisin. M. Jacmin l'y accompagna avec son fils, sans faire aucune réflexion sur cet accident; il voulut le laisser à lui-même; et, comme si Dieu eût voulu seconder les intentions de ce père affligé, en mettant sous les yeux de son fils tous les malheurs qui peuvent résulter de l'ivrognerie, un homme ivre, qui sortait de sa maison en chantant, fut abordé par un de ses enfans, qui pouvait avoir trois ou quatre ans : malgré son ivresse, cet homme, qui aimait ce petit garçon, voulut l'embrasser, et se baissa pour le prendre dans ses bras; mais il perdit l'équilibre, tomba sur l'enfant, et l'écrasa sur le pavé; la mère sortit en faisant des cris affreux, ceux de l'enfant étaient déchirans : cette seconde scène, plus douloureuse encore que la première, se passa pendant qu'on allait chercher un brancard pour porter l'homme tombé de cheval. Le jeune Jacmin réfléchissait profondément. L'homme qui était tombé sur son enfant avait été dégrisé par ses cris et par la vue du sang de ce petit être qu'il chérissait ; ce malheureux homme s'abandonna à une douleur déchirante, il s'accusa d'être le bourreau de son enfant, de faire le tourment d'une femme vertueuse ; il déplora le penchant funeste qui l'entraînait malgré lui ; ses plaintes, qui portaient un caractère de douleur véritable, attendrissaient en sa faveur, tandis que la vue de sa femme en pleurs et de son enfant couvert de sang, révoltait l'âme contre un vice capable de produire de tels malheurs.

M. Jacmin voulut conduire l'homme blessé à l'hospice, non-seulement par humanité, mais parce qu'il espérait que la suite de cet accident pouvait être utile à son fils ; il le recommanda aux chirurgiens de garde, et dit qu'il désirait assister au pansement ; il confia ses motifs particuliers à l'un d'eux, et on lui accorda sa demande. Jamais son fils n'avait eu l'occasion d'entendre les gémissemens de la douleur. Celle qu'il fallut que le blessé endurât pour remettre son épaule, que quatre hommes tirèrent de toutes leurs forces pour faire rentrer l'os dans sa place, les cris qui lui échappèrent pendant cette opération, qui fut cependant assez prompte, ceux qui suivirent pour l'arrangement de la jambe qui était cassée, tous pénétrèrent le jeune homme d'une terreur salutaire. M. Jacmin ne témoignait que de la compassion ; il laissait agir l'imagination de son fils, qui ne pouvait manquer de lui montrer la cause de ses souffrances sous leur véritable aspect. L'accablement de cet infortuné à la suite de ces deux opérations ne lui permit pas de faire aucune question ni sur ce qui lui était arrivé, ni sur le lieu où il se trouvait ; les chirurgiens ne permirent même pas qu'on lui demandât ni son nom, ni son adresse, de peur que cette demande n'excitât chez lui quelque émotion dangereuse, en lui donnant l'idée de sa famille, s'il en avait une, par la peine que son accident pourrait lui causer. M. Jacmin se retira donc, en se promettant de revenir le lendemain.

Le lendemain la fièvre s'était établie, mais le malade avait sa tête ; et lorsque M. Jacmin se fit connaître pour celui qui l'avait secouru lors de sa chute, et qui, faute de renseignemens, l'avait fait transporter à l'Hôtel-Dieu, il ajouta qu'il était prêt à aller donner de ses nouvelles à ceux qu'il désirerait informer de son accident. Le malade se mit à fondre en larmes. Ah ! Monsieur, lui dit cet homme, que ne me laissiez-vous mourir !...., je n'éprouverais pas le remords déchirant qui torture mon âme : je suis un malheureux qui ne mérite ni estime, ni pitié ; j'ai ruiné une femme aimable et vertueuse, des enfans dont je devais augmenter la fortune au lieu de la détruire. Je ne croyais pas pouvoir en venir au point de prendre le goût de la boisson !...

Pendant un été que j'ai passé à la campagne, j'ai beaucoup chassé ; plusieurs jeunes gens se sont liés avec moi ; ils étaient buveurs, je n'ai pas voulu avoir l'air de ne pas faire comme eux, j'ai donc bu par mauvaise honte : bientôt l'habitude m'en a donné le goût, qui est devenu une passion ; cette passion m'a rendu le jouet d'un tas d'intrigans et de fripons. Comme dans ce que l'on appelle la bonne société on ne se réunit pas pour boire, le jeu est le prétexte dont on se sert pour se livrer à ce fatal penchant ; ce fut dans ce double écueil que je perdis peu à peu le sentiment de tous mes devoirs et la fortune de mes enfans. Ma femme, ma vertueuse femme, a payé mes dettes deux fois ; elle a vendu toutes ses terres ; il ne lui restait plus qu'une rente viagère, hier j'en ai touché le semestre. En revenant, j'ai rencontré un de ces malheureux que j'aurais dû fuir ; il m'a entraîné dans un café ; il a demandé un petit verre, seulement pour causer, disait-il. Après celui-là, il en a demandé un autre ; j'ai voulu le lui rendre ; il m'a proposé de jouer une partie de billard pour savoir qui paierait. Que vous dirai-je ? j'ai joué, j'ai perdu tout !..... tout !.... J'ai enlevé à ma famille ses moyens d'existence de six mois !..... c'était sa seule, son unique ressource !..... Malheureux que je suis !....

Pendant ce récit, le jeune Jacmin, pâle, immobile, semblait se dire : je pourrais être conduit dans le même précipice. Ce n'était plus le vice dégoûtant qui s'offrait à lui, c'était ses conséquences mille fois plus funestes que le spectacle repoussant de l'ivresse. M. Jacmin s'aperçut de ce qui se passait dans l'âme de son fils, mais n'eut pas l'air de le remarquer ; et, sans affaiblir les reproches que s'adressait le malade, il chercha à le consoler, en lui disant que si le malheur qui lui était arrivé servait à le corriger, sa famille l'estimerait sans doute comme un bonheur, et que lui, M. Jacmin, se chargeait de réparer la perte qu'il avait faite au jeu ; afin d'épargner à sa famille les peines qu'il redoutait pour elle. L'infortuné accepta ce bienfait en rougissant de honte : pour moi, dit-il, je saurais tout souffrir plutôt que d'avoir recours à la pitié ; mais lorsque j'ai pu mériter le mépris j'en dois supporter toutes les conséquences, et je préfère m'humilier plutôt que faire souffrir ma malheureuse famille ; promettez-moi seulement, Monsieur, que moi seul !... — Je vous entends, lui dit M. Jacmin, c'est l'argent que vous aviez touché que je lui porterai. Combien aviez-vous reçu ? — Trois cents francs ! — Fort bien ; dites-moi où vous demeurez, et je vais de ce pas donner de vos nouvelles à votre épouse : le malade donna son adresse ; M. Jacmin rentra chez lui prendre l'argent qu'il devait porter à cette famille infortunée, et, toujours accompagné de son fils, il fut remplir sa triste mission.

En voyant entrer chez elle deux inconnus, cette femme intéressante, que l'inconduite de son mari mettait au désespoir, pressentit un nouveau malheur, et parut prête à s'évanouir. M. Jacmin commença par lui remettre le sac, qui contenait l'argent que son mari avait dû toucher. A cette vue, elle s'écria : Grand Dieu ! que lui est-il donc arrivé !.... Le compatissant messager la calma un peu, lui apprit l'accident sans lui en dire la cause, et lui indiqua le lieu où gissait son mari. Elle jeta un regard sur ses enfans, dont les traits amaigris annonçaient les privations.

M. Jacmin vit bien qu'elle balançait entre le désir de pourvoir à leurs besoins les plus urgens, qui était la nourriture, et celui d'aller auprès de son mari. Il l'engagea à faire ses affaires, en lui disant qu'il l'attendrait autant de temps qu'il faudrait pour la conduire près de son époux : il voulait laisser à son fils le temps d'examiner le tableau qui était devant ses yeux.

Une femme dont l'extérieur, le ton et les manières annonçaient qu'elle était née dans l'aisance, et dont les traits flétris prouvaient les souffrances, des enfans à peine couverts, une chambre dénuée de meubles, enfin toutes les marques d'une extrême pauvreté, à côté des débris d'une ancienne opulence, telles furent les tristes preuves des suites que les passions peuvent avoir, et qui s'offrirent d'une manière si sensible aux yeux du jeune Jacmin, que, de ce moment, il prit avec lui-même la ferme résolution de ne plus goûter de vin, jusqu'à ce qu'il soit bien sûr de ne plus avoir de penchant pour ce vice odieux. Son père vit avec plaisir le succès de ses soins ; il remercia le ciel du secours qu'il lui avait envoyé, en permettant que son fils fût témoin de ces deux accidens, et reçut, par la réforme de son fils, la récompense de sa générosité envers la famille du blessé, qui ignora toujours son bienfait. Le blessé mourut, malgré les soins et les consolations qu'on lui prodigua, parce que son sang, trop enflammé par le vin et les liqueurs, augmenta tellement la fièvre, qui a toujours lieu avec de pareilles blessures, qu'on ne put s'en rendre maître, et il expira au bout de quelques jours, ce qui ne contribua pas peu à affermir le jeune homme dans ses bonnes résolutions.

Comme vous voyez, mon enfant, ce vice se fait sentir dans toutes les classes, et il faut se tenir en garde contre lui, de même que contre les autres ; et pour cela, comme pour toute autre chose, le moyen le plus sûr est de suivre les avis de vos parens, de vous souvenir qu'ils n'ont en vue que votre bonheur, et que, dans tous les avis qu'ils vous donnent, ils n'ont qu'un seul motif, qu'un seul désir, celui de vous rendre bons et vertueux, parce que ceux qui ont toujours eu pour guide la vertu et une sensibilité vraie et bien entendue, ne peuvent jamais être complètement malheureux, quelque soit d'ailleurs les évènemens ou les revers qu'ils aient à souffrir.

L'Arlequin.

<hr>

Comme M. de Fremincourt achevait ces réflexions, on se trouva devant un Arlequin, qui avait un singe pour compagnon du divertissement qu'il était appelé à donner au public. La famille s'arrêta devant le spectacle ambulant, et s'amusa beaucoup plus des grimaces et des tours du singe que des lazis d'Arlequin, qui n'avaient rien de bien saillans. Cette espèce de mascarade, dit M. de Fremincourt à ses enfans, nous est venue d'Italie ; mais il eût fallu qu'avec le masque nos Arlequins eussent pu prendre l'esprit de ceux qu'ils voulaient imiter, cela n'a pas été possible : et depuis Carlin, qui fut un acteur distingué, aucun de ceux qui se sont mêlés de jouer les rôles de ce genre ne sont parvenus à y mettre cette naïveté, cette finesse et cette bonhomie qui en font le charme, et qui obtinrent à ces mêmes comédiens, qui autrefois ne devaient jouer qu'aux foires et en ne parlant qu'italien, la permission de parler français. Cités par les comédiens français devant le tribunal qui devaient

Lith de Engelmann.

les condamner pour avoir parlé français sur le théâtre, Carlin fut chargé de la défense de la troupe : il parut donc devant le tribunal, et garda un modeste silence. Interrogé par le Président, il lui demanda avec simplicité : « Quelle langue faut-il que je parle ? » — Eh ! parles celle que tu voudras, répondit le Président impatienté. — « Je vous remercie, M. le Président, reprit Carlin ; » et, faisant une profonde inclination, il se retira en disant à l'avocat des Comédiens français : « Vous le voyez, la cause est jugée, il n'y a plus rien à dire ; » et, en effet, depuis ce temps on permit aux Comédiens italiens de jouer leurs pièces en français.

Mais, papa, dit la jeune Emilie, regardez donc ce singe, voyez comme il semble comprendre tout ce que dit l'Arlequin. — Ceci n'est pas étonnant, reprit M. de Fremincourt, celui-ci est dressé à cela ; mais c'est dans ces mêmes animaux sauvages que l'on peut admirer l'instinct dont la nature les a doués, instinct qui les rapproche tellement de l'homme, que les naturalistes n'ont pas hésité à dire que le singe était le dernier anneau de la chaîne qui unit l'homme aux animaux, comme le polype est celui qui unit les animaux aux végétaux. — Je ne comprends pas cela, papa, dit Hippolyte ; soyez assez bon pour me l'expliquer. — C'est-à-dire, mon fils, que le singe, qui n'est cependant qu'un animal, a des habitudes qui se rapprochent tellement de celle de l'homme, une intelligence, une malice si grandes, que plusieurs peuples sauvages croyent que les singes sont des hommes paresseux, qui ne feignent de ne pas savoir parler qu'afin qu'on ne les fasse pas travailler. Il y a de ces animaux aussi grands que des hommes marchant sur deux pieds comme nous, vivant en société, mais sans règle ; se réunissant pour se défendre contre les autres animaux ou contre les hommes, jettant des cris de douleur lorsque l'on blesse un d'eux, vengeant sa mort, se réunissant aussi pour piller les fruits, mais n'ayant entre eux aucun lien, aucune espèce de société; souvent la femelle, en allaitant ses petits, les étouffe à force de les embrasser ; d'autres fois elle les jette hors de son nid : enfin il semble, en examinant cette espèce de singe que l'on appelle orang-outang, que ce soit un homme imparfait, puisqu'il tient à la fois de la nature de l'homme et de celle des animaux par son défaut de raison. On peut donc le considérer comme la ligne, le point de la création qui sépare l'homme de la brute ; ce point, c'est l'âme, c'est la connaissance de Dieu que tous les hommes reçoivent de leur auteur, c'est l'intelligence qui les porte à vivre en société, à s'aider les uns les autres ; eh bien ! ce que le singe est à l'homme dans l'ordre de la création, le polype l'est aux végétaux ; c'est-à-dire que c'est un animal qui, sous la figure d'une plante, vit, croit et mange au fond de la mer. — Oh ! la singulière chose, mon papa, s'écrièrent à la fois tous les enfans, comment cela se peut-il ? — Comme se peuvent mille autres mystères des œuvres du Tout-Puissant, dont vous trouverez, non pas l'explication, car quel est l'homme qui oserait entreprendre d'expliquer les œuvres de la sagesse infinie, mais les détails et les récits dans l'histoire naturelle. Si vous voulez, demain nous chercherons l'article qui concerne les polypes. — Oh ! bien volontiers, papa ; mais, dit Auguste, je serais bien curieux de lire l'article des singes, voyez celui-ci comme il a l'air d'implorer l'Arlequin ; que lui fait-il donc ? — Mes enfans, il rappelle aux spectateurs le plus affreux exemple de cruauté, d'hypocrisie et d'ingratitude que la vie de l'homme puisse offrir, il retrace un forfait inouï que tout devait dérober à la connaissance des hommes ; mais que la justice divine n'a pas permis qui resta sans punition sur la terre, afin de prouver à ceux qui pourraient être tentés de l'imiter, qu'il n'est rien de si secret que la sagesse divine ne puisse dévoiler, et qu'aucun crime ne peut lui être caché ; qu'elle le manifestera tôt ou tard lorsqu'elle le jugera convenable. — Oh ! papa, racontez-nous donc cette histoire, je vous en conjure, dit Hippolyte. — Je le veux bien ; mais asseyons-nous, car elle est longue. D'abord, je vous dirai que le coupable et malheureux jeune homme dont je vais vous retracer les crimes, appartenait à une famille honorable, et que, par respect pour elle, quoique son malheur ait été public, je ne répéterai pas ici le nom de cet infortuné ; je le désignerai seulement par X.

Né de parens aisés, mais qui avaient plusieurs enfans, X, après ses études, devait choisir une profession honorable qui pût le mettre à même de pourvoir dans la suite à son existence, il choisit la médecine, l'étudia avec succès ; et, s'il ne se fut pas écarté du sentier de la vertu, il est probable qu'avec un peu de temps il eut acquis, pour récompense de ses travaux, l'estime de ses concitoyens, et une fortune plus que suffisante pour être heureux ; mais un premier pas hors de la route tracée par le devoir, l'a conduit dans un abîme de maux, de crimes, de douleur et de honte. Il se lia avec une personne qui n'était point honnête, et ce fut cette liaison qui commença sa perte en lui créant des besoins auxquels sa médiocre fortune ne pouvait pas satisfaire. Il contracta des dettes et connut tous les embarras, tous les désagrémens qu'elles entraînent avec elles. Dans un de ces momens de peine il rencontra un de ses camarades de collége, renouvela connaissance avec lui, fut présenté à la famille de ce jeune homme qui était riche, en fut accueilli avec bienveillance, parce qu'il avait toutes les manières d'un homme bien né et l'extérieur le plus doux ; bientôt il inspira une parfaite confiance. De petites indispositions étant survenues dans la famille, il les traita, les guérit, et le zèle et le désintéressement qu'il témoigna dans ces différentes circonstances, lui acquirent si bien l'affection générale, qu'il devint l'ami de la maison ; et il sut tellement se faire aimer et se rendre nécessaire que, non-seulement son couvert était toujours mis, mais que s'il manquait de venir deux jours de suite, on lui en faisait des reproches. Cette famille était composée du père et de la mère, de deux fils, dont un était son camarade de collége et son ami, et d'une fille mariée. Il y avait six mois que X avait été admis dans le sein de cette famille, lorsque la mère tomba malade. X lui prodigua des soins ; mais après avoir langui quelques mois, elle mourut. Au bout de quelque temps, même chose arriva au père. X s'était si bien emparé de l'esprit des deux frères, que lui seul fut chargé des soins, si pénibles à remplir lorsque de bons enfans perdent des parens chéris, et qu'ils crurent lui devoir beaucoup de reconnaissance pour le zèle et l'affection qu'il leur témoignait dans ces momens douloureux. Après la mort des parens, X s'arrangea de manière à brouiller la sœur et les frères, sans qu'ils pussent le soupçonner d'aucune mauvaise intention, il y parvint; et, par une autre manœuvre non moins habile, et tout aussi coupable, il réussit à alarmer sur sa santé le frère de celui dont il était l'ami, et à lui faire faire un testament en faveur de son frère, au préjudice de leur sœur mariée; le testament fait, X tacha d'endormir sa victime par les plus tendres soins; mais bientôt cet infortuné suivit au tombeau son père et sa mère. Ce fut alors que X redoubla de tendresse pour son ami, à qui il épargna encore les détails cruels des funérailles. Le malheureux jeune homme, qui restait seul de cette famille si florissante avant que X fut introduit au milieu d'elle, ne s'attacha que davantage à celui qu'il regardait comme un appui, une consolation dans ses maux; X, complaisant, attentif, semblable au serpent qui fascine la proie qu'il veut dévorer, et l'attire par un charme irrésistible jusque dans sa gueule, X dis-je, se rendait de plus en plus indispensable à celui qu'il appelait son ami. Frappé d'avoir vu mourir successivement, en peu d'années, ceux qui lui avaient été si chers, brouillé avec sa sœur, il aida sans s'en apercevoir à l'impulsion que lui imprimait X, et crut avoir de lui-même l'idée d'instituer X son légataire universel, faveur que celui-ci eut l'art de refuser tout juste pendant le temps nécessaire pour confirmer son crédule ami, dans l'idée qu'il avait, de sa délicatesse, de son amitié et de son désintéressement, le testament fut fait; et, quelque temps après X, pressé de jouir de la fortune qu'il avait enfin réussi à se faire assurer, propose à sa victime une promenade à Saint-Cloud, l'emmène et l'empoisonne en dinant avec lui.

Oh ciel ! s'écrièrent tous les enfans à la fois ! — Ecoutez, écoutez, ce n'est pas tout encore ! et frémissez en voyant jusqu'à quel point le cœur de l'homme peut devenir féroce, lorsqu'une fois le crime est entré dans son âme ; ce jeune infortuné, qui avait été son ami d'enfance, qui l'avait conduit dans sa famille dont il était devenu le fils, qui le traitait comme son frère, cet ami se sentant très-souffrant, loin de soupçonner la main qui l'assassine, implore son secours ; la nature lui en accorde un, il rejette une partie de la substance mortelle qui devait trancher ses jours ; X se hâte de la faire disparaître, lui donne une potion calmante qui l'endort, et profite de son sommeil pour courir à Paris chercher une autre dose de poison, l'administre à son ami comme remède, et entend sans remords les gémissemens de sa victime !... Sans remords, je me trompe ; car son trouble fut le premier indice qui contribua à décéler son crime ; son empressement à se saisir du testament, le second. Bref, le malheureux ami mourut. Mais la vengeance céleste poursuivit le coupable, malgré toutes les précautions qu'il avait prises pour ne laisser aucune trace de ses crimes, précautions si bien combinées, que les juges furent très long-temps à examiner cette affaire avant de prononcer la sentence qui l'a condamné à porter sa tête sur l'échafaud. Malgré toutes ses précautions, Dieu qui voulait manifester sa puissance et effrayer ceux qui seraient tentés d'imiter ce scélérat, éclaira les juges et leur fit découvrir peu à peu la vérité. La mort était entrée avec lui dans cette famille ; ce pouvait être un hasard : mais la main de Dieu était là , et on n'échappe pas à cet œil à qui rien n'est caché , et qui lit jusque dans la pensée. Les cadavres furent exhumés ; et il fut prouvé que, pendant cinq années, le cruel avait médité et commis les plus abominables forfaits sous le voile de l'amitié, et en recevant chaque jour des témoignages de ce sentiment de ceux dont il avait résolu la perte... — Quel monstre ! dit Hippolyte avec feu. — Oui, mon fils ; et ce monstre avait cependant une âme tendre et sensible : ce fut la vanité et le désir de posséder des richesses qui le perdirent. S'il n'avait pas contracté une liaison qui l'entraîna à faire des dépenses et ensuite des dettes , il fut resté vertueux. Évitez-donc, mes chers enfans, toute intimité hors de votre famille ; que l'exemple de ce malheureux vous apprenne que, sous les dehors les plus flatteurs, on peut trouver un cœur corrompu ; que la liaison qui vous paraît agréable peut vous devenir funeste, et qu'il n'existe qu'un seul véritable moyen pour être heureux , c'est de ne s'écarter en rien de ce que demande de nous la religion et l'honneur : les plus légères déviations à ces principes sacrés, peuvent attirer sur nous les plus grands maux ; car, examinez bien , que si le crime de ce malheureux fut atroce, ses tourmens furent cruels. Cet homme adorait sa mère, qui le chérissait ; il avait des enfans qu'il aimait ; il a déversé sur ces objets de son affection et d'une affection très-vive , tous les tourmens, toutes les douleurs ; la mort fut pour lui un bienfait : il eut souffert bien plus, si on l'eut condamné à vivre et à supporter le poids de ses remords, de l'ignominie et de l'horreur attachés à ses forfaits. La douleur de sa famille lui eut fait souffrir mille morts pour une; mais nos lois prononcent la mort pour celui qui a donné la mort, et les juges ne sont chargés que d'appliquer la loi. Ainsi il a expié sur l'échafaud, les crimes que le désir de s'enrichir lui a fait commettre.

Oh! papa, quelle horrible histoire, dirent tous les enfans. Comment peut-on aimer sa mère, dit Hippolyte en baisant tendrement la main de la sienne, et se conduire de manière à lui causer de si cruelles douleurs. — Ah! il croyait n'être pas découvert, observa M. de Fremincourt; c'est encore une pensée qu'il faudrait avoir sans cesse présente : *Dieu nous voit, nous entend, et nous juge.* — Si elle ne nous quittait jamais, reprit Hippolyte!.. mais du moins au moment de commettre un crime ou seulement une grande faute, elle devrait bien se retracer fortement, elle suffirait pour arrêter l'homme le plus intrépide. — Tu as raison, mon fils car avant de se livrer au crime il faut avoir perdu la crainte de Dieu; conservez donc précieusement les principes de cette religion sainte, qui doivent vous servir de guide et d'égide contre les piéges qui pourraient vous être tendus pour vous égarer. Les enfans le promirent du fond du cœur, et, après avoir encore causé quelque temps sur ce sujet, on se leva pour continuer la promenade.

lith de G. Engelmann.

Les Chevaux de Bois.

Après une conversation aussi sérieuse une distraction n'était pas inutile ; les Chevaux de bois se trouvèrent donc fort à propos dans le chemin que parcourait la jeune famille de M. de Fremincourt ; on arrangea une partie dont les parens restèrent spectateurs ; et, après avoir bien recommandé aux joueurs de se bien tenir et de ne pas lâcher la barre de fer qui était mise exprès pour prévenir tous les accidens, on mit la machine en mouvement ; les enfans agitèrent leurs petits drapeaux, et visèrent le but afin de tâcher d'enlever la bague. Au premier tour personne ne réussit ; au second, Hippolyte l'enleva ; au troisième, encore. Amélie rougit de dépit de n'avoir pas même touché le but ; au quatrième, il eut la complaisance de manquer, afin de laisser à sa sœur le plaisir de se rapprocher de lui, et de n'être pas seule à ne pas remporter de bagues, car les autres enfans en avaient pris aussi ; mais l'impatience ne donne pas d'adresse, et Amélie, contrariée de n'en pas montrer, eut beau faire tous ses efforts pour parvenir à enlever la bague, elle ne put y réussir : agitée par l'amour-propre et le dépit, sa main n'était plus assez sûre et son coup d'œil plus assez juste pour répondre au vif désir qu'elle éprouvait de se montrer aussi adroite que ses frères et sœurs. Amélie était vive, et cette vivacité dégénerait promptement en colère. Elle eut le malheur de céder à celle qu'elle éprouvait; et, sans réfléchir (comme il arrive toujours en pareil cas), elle sauta du fauteuil sur lequel elle était assise, comme si elle eût été dans le salon ; il en résulta que, lancée par le mouvement de la machine qui tournait rapidement, elle fut jetée très-loin, et alla se frapper la tête contre un arbre. Son père et sa mère coururent à elle, et furent fort effrayés en la voyant couverte de sang. On s'empressa de la relever et de se procurer de l'eau pour laver sa figure, et chercher où était la plaie : on aperçut alors une large ouverture au milieu du front. On lui prodigua tous les secours dont elle avait besoin ; la partie de bagues fut interrompue, et la pauvre Amélie, environnée de tous ceux qu'elle aimait, sentit combien la colère est dangereuse et désagréable pour soi, comme pour les autres, car on n'était alors qu'à la moitié de la fête, et il fallait renoncer à tous les plaisirs qu'on s'était promis, pour la ramener à la maison et la soigner, de manière à éviter les suites que pourrait avoir sa chute. Elle admira à ce sujet la patience et la tendresse de ses frères et sœurs; car, pas un regret ne fut exprimé, pas un reproche ne lui fut adressé pour la privation qu'elle imposait à toute la famille : on ne s'occupait que d'elle, de ce qu'elle devait souffrir, du danger que le coup qu'elle avait reçu pouvait occasionner ; enfin , pour une personne sensible comme l'était Amélie , cette leçon était la plus forte qu'elle put recevoir. Elle le sentit plus profondément encore lorsqu'Hippolyte , après que l'on eut pensé sa sœur, présenta son bras au chirurgien en le priant de voir s'il n'avait pas quelque chose de dérangé. Chacun le regarda avec étonnement , car il n'avait pas dit un mot, pas proféré une plainte, jusqu'à ce moment. Le chirurgien ayant palpé le bras, déclara qu'il était démi. Comment cela s'est-il fait ? Comment n'as-tu rien dit ? s'écrièrent en même temps M. et madame de Fremincourt. — Pourquoi aurais-je augmenté les inquiétudes que vous éprouviez, répondit le courageux jeune homme, cela n'eut pas diminué mes souffrances, au contraire , il n'était pas possible d'y porter remède avant ce moment-ci ; je l'ai attendu plus patiemment , parce que je savais que je vous épargnais une vive inquiétude. Pour toute réponse M. de Fremincourt serra la main de son fils ; sa mère l'embrassa tendrement, et se hâta de préparer la bande que demanda le chirurgien. Mais comment cela s'est-il fait, répéta madame de Fremincourt ? — Oh ! c'est parce que je suis un mauvais cavalier, répondit Hippolyte ; au moment où Amélie s'est élancée elle a donné une secousse à la machine , et, comme de plus elle faisait un contrepoids , elle a produit deux mouvemens brusques auxquels je ne m'attendais pas , et qui m'ont jeté de côté, j'ai perdu l'équilibre , et en voulant me retenir , je ne sais comment, j'ai fait un effort qui a été suivi d'une violente douleur ; je me suis laissé glisser de dessus le cheval, et, comme j'ai senti que je ne pouvais remuer mon bras , je me suis douté qu'il était démis ; mais sachant bien qu'en arrivant ici vous enverriez chercher Monsieur, je n'en ai pas parlé, afin de vous épargner l'inquiétude que vous auriez éprouvée pendant tout ce temps. — Tu es un brave garçon, lui dit son père ; je souhaite que tes frères suivent ton exemple, et apprennent de toi comment un homme doit savoir supporter la douleur : oui, mon fils, tu as agi en homme ; un enfant eut pleuré, crié, gémi, tu as su souffrir, et sans te plaindre, pour nous épargner une souffrance ; c'est montrer à la fois du courage et une âme sensible. Je te remercie, mon ami, de cette preuve d'attachement ; c'est la plus douce récompense que des parens puissent recevoir des soins qu'ils ont prodigués à leurs enfans. Pendant ce temps Hippolyte s'était assis, le chirurgien s'était emparé de son bras, et, par un mouvement vif et juste, il le remit dans sa place. Un cri, échappé au courageux Hippolyte, annonça la fin de ses souffrances, car de ce moment il fut soulagé ; son bras fut attaché avec défense de s'en servir pendant quelques jours : ses frères lui sautèrent au col ; Amélie le regardait en pleurant silencieusement : elle n'osait lui adresser un mot ; c'était elle qui avait causé ses souffrances. Hippolyte courut l'embrasser. Ah ! mon frère, lui dit-elle, fallait-il donc pour me corriger de cette odieuse colère, que je te fisse souffrir !!! — A cela près, ma chère Amélie, répondit Hippolyte, si tu n'es pas blessée sérieusement, et que tu sois débarrassée de ton trop de promptitude, nous serons tous heureux, car nos parens n'auront plus de reproches à te faire : tu serais si aimable sans ce vilain défaut ? — Mon bon frère, comme tu es indulgent... tu ne m'en veux donc pas de t'avoir causé de si grandes douleurs ? — T'en vouloir ! mais ce serait une injustice, ta volonté n'y a eu aucune part, et tu as été la première victime de ton impatience. — Oui, mais ne cherche pas à pallier ma faute ; dis moi, au contraire, combien elle aurait pu devenir funeste si au lieu de toi ç'eut été Paul qui ait été placé vis-à-vis de moi, il n'aurait pas su se retenir, et peut-être il eût été tué. — Il est vrai, ma chère Amélie, cela eût pu arriver ; mais, n'y pense que pour prendre l'invariable résolution de vaincre ta vivacité, de la surmonter quoiqu'il t'en puisse coûter, et pour cela commence par te calmer, tu sais que le médecin l'a recommandé ; ainsi, éloigne dans ce moment toute autre idée, je ne souffre presque plus, ta blessure ne sera rien si tu ne te tourmentes pas ; tu seras débarrassée du défaut qui nuisait à tes autres qualités : tu vois que ce sera un bonheur. — Oui ; mais Paul et Julie, et toi-même, vous ne verrez pas le feu d'artifice, les illuminations. — Ce sera pour une autre fois, répondirent tous ensemble les jeunes enfans, ne soyez plus malades seulement, et nous serons contens. — M. et madame de Fremincourt, qui de l'autre bout de la chambre prêtaient l'oreille à ce que disaient leurs enfans, s'avancèrent en ce moment et les embrassèrent tous, en versant de douces larmes : aimez-vous toujours ainsi, leur dirent-ils, songez toujours à vous conduire de manière à faire notre bonheur ; c'est le moyen le plus infaillible d'assurer le votre ; car, soyez-en bien certains, un père, une mère, ne peuvent désirer que ce qui peut être le plus convenable au bien-être de leurs enfans, ils leur sacrifieraient le leur propre, si c'était nécessaire, et n'ont jamais en vue que leur prospérité et leur bonheur.

Pour achever notre journée, papa, dit le petit Paul, vous devriez avoir la bonté de nous raconter une petite histoire, vous en savez tant. — Oui, j'en sais beaucoup, cela est vrai; mais puisque tu aimes à les entendre, pourquoi n'apprends-tu pas à lire, tu en trouverais de plus jolies que celles que je te raconte dans ces petits livres que ton oncle t'a donnés. — Je vous assure, papa, que je fais tout ce que je peux pour apprendre; si je n'y parviens pas, ce n'est pas ma faute. — Non, mon enfant; je ne croirai jamais cela, parce que c'est impossible; tu ne manques pas de mémoire; car tu n'oublies rien de ce que je vous raconte; tu retiens fort bien les leçons que ta sœur apprend à haute voix, et quand on a de la mémoire pour une chose on en a pour toutes; le seul obstacle est le manque d'attention; si tu écoutais ce qu'on te dit pour la lecture, comme tu écoutes les histoires, tu le retiendrais aussi facilement que ces dernières. Applique-toi donc, et tu seras bientôt en état de lire toi-même l'intéressant ouvrage dont ton oncle t'a fait cadeau : Paul le promit, et M. de Fremincourt lui dit que, lorsqu'il aurait fait quelques efforts pour prouver sa bonne volonté, il lui raconterait de belles anecdotes pour le récompenser.

L'Heureuse Magie.

Madame de Blainville avait une petite fille charmante : elle était douce, bonne, gaie, franche ; mais étourdie comme un hanneton. — Pardon papa, interrompit Paul, pourquoi, dit-on, étourdi comme un hanneton. — Parce que cet insecte vole devant lui, tout droit, sans éviter ce qui se rencontre dans son chemin ; mais tâche de ne pas m'interrompre pour si peu de chose. Je disais donc que la petite Laurette était étourdie, et par conséquent inappliquée ; mais elle était si prévenante, si aimable, si enjouée, que sa mère ne se sentait jamais le courage de troubler son innocente gaîté, en la grondant sérieusement de ne s'appliquer à rien ; le temps passe rapidement et sans qu'on s'en aperçoive, si bien que Laurette arriva à dix ans sans avoir rien appris, pas même à lire. — Ah ! c'est bien pis que moi, papa ; je n'en ai que six. — Si tu m'interromps encore, je cesserai de raconter. D'ailleurs, si tu continues à ne faire aucun effort pour apprendre, tu pourras bien aussi, à dix ans, ne rien savoir : revenons à Laurette. Sa mère, toute consternée de la voir déjà grande, et aussi ignorante, parla à un ancien ami de la peine qu'elle en éprouvait : celui-ci, qui était de ces gens qui osent dire la vérité, commença par faire voir à madame de Blainville que sa complaisance (mal entendue) pour sa fille, était la première cause du mal dont elle se plaignait ; mais, ajouta-t-il, il faut y porter remède. — Comment faire ? Laurette est douce, elle est docile, elle ne refuse jamais d'étudier, elle prend son livre ; mais au bout d'un instant elle baille, elle s'agite, on voit qu'elle souffre, elle a besoin de changer de place. — Oui ; et de peur qu'elle n'en soit incommodée, vous l'envoyez jouer. — Mais, autrement elle s'endormirait, et je n'en serais pas plus avancée. — Fort bien ; je vois que vous avez autant besoin qu'elle du secours de ma baguette. — Comment ; de votre baguette ? — Oui, sans doute, de ma baguette ; tel que vous me voyez, je suis un peu sorcier. — Pouvez-vous plaisanter, quand vous me voyez véritablement peinée. — Mais, je ne plaisante pas du tout ; sorcier n'est pas le mot, il est vrai ; magicien ou enchanteur désigneraient mieux la puissance que j'ai acquise à force d'études et de recherches. — Allons, vous vous moquez de moi. — Je m'en moque si peu que, si vous voulez m'amener votre fille dans deux jours (il me faut tout ce temps pour composer le philtre au moyen duquel je veux lui donner le goût de l'étude), si vous voulez, dis-je, me l'amener, et qu'elle consente à faire ce que je lui prescrirai, je vous réponds qu'en très-peu de temps elle aura autant d'application qu'elle en a eu peu jusqu'ici. Madame de Blainville regarda fixement son vieil ami, comme pour lire dans sa pensée ; mais celui-ci baissa les yeux et garda un sang-froid imperturbable : elle voulut lui faire quelques objections. — Ce que je vous dis, répondit le vieillard, est très-sérieux; avez-vous assez de confiance en moi, pour être sûre que je vous suis trop sincèrement attaché pour risquer de compromettre en rien la santé de votre fille, et, qu'en lui donnant une potion quelconque, je suis certain de son effet, et sûr qu'il ne peut en résulter aucun mal. — Je suis persuadée qu'au moins vous n'en auriez pas l'intention. — Cela ne suffirait pas; si je n'avais la certitude qu'aucune des choses que j'emploie ne sont malfaisantes, ni réunies, ni séparées, je serais coupable de m'en servir. Je vous donne donc ici ma parole d'honneur que vous pouvez être tranquille ; amenez-la-moi dans deux jours, et je vous réponds de tout ; dites-lui que vous la menez chez un savant, qui lui donnera le moyen d'acquérir toutes les connaissances imaginables, sans se donner la peine d'étudier; et ne me nommez pas, car la première chose est qu'elle soit persuadée de la puissance de mon art. Madame de Blainville sourit : elle vit bien qu'il s'agissait de faire impression sur l'imagination de sa fille ; et, connaissant toute la prudence et la sagesse de celui à qui elle avait affaire, elle consentit à tout, et se rendit avec Laurette, au jour convenu, chez le vieillard qui les attendait.

Elles le trouvèrent revêtu d'une longue robe, sur laquelle le soleil, la lune et les signes du zodiaque étaient peints ; une grande barbe blanche lui descendait jusque sur la poitrine, et il tenait dans sa main droite une baguette d'ivoire, de laquelle s'échappait un parfum délicieux. Les persiennes à demi-closes ne laissaient percer dans l'appartement qu'un faible jour, ce qui ajoutait encore quelque chose de mystérieux à cet appareil imposant, lorsqu'elles entrèrent, il leur fit signe d'approcher :

« Pour vous satisfaire, Madame, dit-il en s'adressant à la mère, j'ai mis à contribution tout ce que l'étude et les sciences m'ont données de pouvoir ; voici le résultat de mes travaux : en disant ces mots, il découvrit un grand coffre garni en maroquin rouge, il l'ouvrit, et l'on vit seize flacons de cristal, fermés avec des bouchons dorés ; ces flacons, ajouta-t-il, renferment le philtre, qui doit opérer des merveilles sur l'esprit de votre fille ; mais il faut, pendant les seize jours qui doivent être employés à les prendre successivement, qu'elle ne fasse absolument rien, qu'elle se promène deux heures par jour, et que le reste du temps, elle soit dans une inactivité complète, qu'elle ne travaille, ni ne joue, qu'on ne l'occupe aucunement ; qu'on ne lui lise, ni ne lui raconte aucune histoire ; enfin, qu'elle soit entièrement livrée à l'action du philtre sur ses organes ; si elle a le courage de se soumettre à ce régime, je vous réponds qu'au bout de ce temps elle saura tout ce qu'une femme peut désirer savoir ; mais il faut bien faire attention à une chose, c'est que, si on ne poursuivait pas jusqu'au bout, on risquerait de devenir d'une bêtise insupportable, et on ne pourrait la faire disparaître que par le travail le plus opiniâtre. » Voyez, Mademoiselle, dit-il en se tournant vers Laurette d'un air majestueux, ce que vous voulez faire. — Essayer des flacons, si maman le permet, répondit la jeune étourdie ; je désire trop m'instruire et plaire à maman , pour ne pas employer tous les moyens possibles pour y parvenir. — Si vous aviez en effet ce désir, répartit le vieillard d'un ton sévère, vous n'auriez pas besoin de recourir à mon pouvoir ; avec de l'application on vient à bout de vaincre les difficultés que présentent l'étude, et on a infiniment plus de mérite. — Je vous assure, Monsieur, dit Laurette un peu intimidée par le ton du vieillard, que cela ne dépend pas de moi, et que je fais tout ce que je puis pour étudier et contenter maman ; si je ne réussis pas, ce n'est pas ma faute. — En ce cas, faites usage de ce philtre ; mais, je vous le répète, si vous n'avez pas le courage d'observer scrupuleusement, pendant le temps marqué, la plus exacte privation de toute espèce d'occupation et de travail, vous deviendrez stupide tout-à-fait, vous serez réduite à être le jouet de vos compagnes, et un objet de compassion pour toute personne sensée. Il vaudrait peut-être mieux.... — Non, Monsieur, interrompit Laurette, que l'idée d'être privée de travail pendant quinze jours n'effrayait pas du tout, je suivrai ponctuellement vos ordres, et je serai trop heureuse si, en m'y soumettant, je puis acquérir tout ce qui me manque d'instruction et de facilité. — Souvenez-vous que vous l'avez voulu, reprit le vieillard en lui remettant le coffret, et s'il vous arrive malheur ne vous en prenez qu'à vous ; d'ailleurs, vous pourriez encore éviter une stupidité complète, en vous livrant à l'étude avec une très-grande application, au moment même ou vous re- nonceriez à l'inactivité nécessaire à l'opération du philtre, dont il ne faudrait plus faire usage ; et, si vous mettiez assez d'ardeur à vos leçons pour combattre efficacement l'effet de la liqueur contenue dans ces flacons, peut-être alors réussiriez-vous non-seulement à éviter l'imbécillité, mais à retrouver les facultés que vous avez reçues de la nature, car elles sont en vous ces facultés : la puissance de cette liqueur les développera ou les anéantira, suivant l'usage que vous en ferez. — En ce cas, Monsieur, je vous devrai une éternelle reconnaissance ; il ne me paraît pas très-difficile de rester quinze jours à rien faire, reprit l'inconséquente en regardant sa mère avec timidité, car tel était le reproche qu'elle lui adressait sans cesse : « Tu ne veux donc rien faire, ma chère Laurette ; tu ne sauras donc jamais rien. » Madame de Blainville sourit involontairement, pensant aussi, comme sa fille, qu'il ne lui serait pas pénible d'observer l'ordre de l'enchanteur, lorsque celui-ci, s'adressant à elle, lui dit : Madame, il est de la plus grande importance pour cette jeune personne que vous veilliez à ce qu'elle suive ce que j'ai prescrit : nulle espèce de distraction qu'une promenade de deux heures à pieds dans les Champs-Élysées ou ailleurs, mais au grand air ; nul travail, nulle occupation d'esprit ; ses joujoux, ses poupées, la société de ses jeunes amies lui sont permis ; mais aucune espèce d'études, de conversations ni de lectures. Vous m'entendez, Madame, inaction complète des facultés intellectuelles : puisse cet emploi de ma puissance, fruit de mes longues et savantes études, réussir comme je le désire ; cela dépend beaucoup de la manière dont le régime sera exécuté. Allez, Mesdames, et que Dieu bénisse cette entreprise. Madame de Blainville comprit les intentions de son ami, et se promit bien de s'y conformer, mais elle n'osait se flatter du succès ; cependant Laurette triomphante, heureuse de penser qu'elle allait tout savoir sans se donner la peine d'étudier, embrassait sa mère, remerciait le savant vieillard qu'elle n'avait pas reconnu sous son bizarre accoutrement, et suivit sa mère avec une joie sans mélange d'aucune inquiétude : elle voulait faire usage tout de suite du premier flacon ; mais madame de Blainville lui observa que la journée était trop avancée, et que le calme étant la première de toutes les conditions, les émotions de la matinée nuiraient certainement à l'effet de la liqueur ; on remit donc au lendemain. Le lendemain Laurette, éveillée avant le jour, attendit avec impatience le lever de sa mère pour prendre le contenu du bienheureux flacon : celle-ci y mit une espèce de solennité en renvoyant toutes les personnes présentes, et en recommandant bien à sa fille, d'observer religieusement, tout ce qui lui avait été prescrit. Il était huit heures du matin, lorsqu'elle ouvrit le joli coffre, en tira le flacon numéroté 1, et versa dans un gobelet de cristal, une liqueur rose, qui embauma tout l'appartement ; Laurette s'en saisit avec vivacité, et sa mère lui rappela qu'il fallait être calme ; elle but, et s'assit près de sa mère, qui, fidèle aux ordres de son ami, prit silencieusement son ouvrage, et se mit à travailler jusqu'au moment du déjeûner ; Laurette, à qui les joujoux étaient permis, s'était amusée tranquillement avec sa poupée, et le tems ne lui avait pas paru long, mais lorsqu'il lui fallut reprendre le même jeu, elle ne le trouva plus de son goût, elle en prit un autre, et passa alternativement de la corde au bilboquet, des quilles à la balle, au volant enfin, depuis dix heures jusqu'à deux qu'elle fût à la promenade, elle les épuisa tous ; à son retour, il était quatre heures, et elle commença à dire, que faire d'ici au dîner ? Maman, ne pourrai-je pas arranger une robe pour ma poupée ? Non, c'est une occupation, une espèce de travail, quoiqu'en petit, ce n'est pas possible, joue à quelque chose ; Laurette essaya, mais ne s'amusa pas, elle avait tant joué depuis le matin ! enfin cinq heures sonnèrent, et on dîna : c'était une interruption qui fit un double plaisir à Laurette, car elle avait faim et commençait à s'ennuyer ; après le dîner il vint des visites, dans le nombre il se trouva de ses petites amies et Laurette s'amusa quelques instans, mais faiblement, car elles ne purent que renouveller les jeux de la matinée, et Laurette en était fatiguée ; enfin, elle trouva la soirée très-longue et fut se coucher fort peu satisfaite de sa journée ; ce fut bien pis le second jour, l'ennui la gagna tout-à-fait et elle fut de fort mauvaise humeur ; lorsqu'elle étudiait ses leçons, elle avait beau le faire sans attention, c'était toujours une interruption forcée de ses jeux et elle les retrouvait ensuite avec plaisir, puis la présence et la conversation de ses maîtres étaient encore des distractions ; puis enfin, sa mère trop complaisante, lui faisait des lectures qui l'amusaient, elle causait avec elle, et à défaut de l'instruction, qu'on ne peut acquérir par la seule conversation, elle lui donnait au moins des idées ; elle parlait à son jeune cœur, à son âme, toutes ces ressources lui étaient ôtées, elle se voyait réduite aux jeux, aux amusemens de son âge, ils lui parurent insipides. Madame de

Blainville sentait trop bien l'importance de l'épreuve qu'elle tentait, et la leçon que son ami donnait à sa propre faiblesse, pour y céder de nouveau ; mais sa fille lui faisait pitié, elle eut la complaisance de réunir les petites compagnes de Laurette pour rompre un peu la monotonie de ses journées, mais ce fut en vain, celle-ci avait perdu sa gaîté et les jeux de ses petites amies ne l'intéressaient plus ; enfin, le huitième jour elle ne put plus supporter le poids de l'oisiveté à laquelle elle était condamnée, et vint, en pleurant, confier à sa mère, qu'il lui était impossible de continuer à suivre les ordres de l'enchanteur. Comment donc faire, lui dit madame de Blainville en l'embrassant tendrement, songes-tu, ma chère Laurette, que tu vas devenir stupide, car tu déteste l'étude, tu ne peux t'appliquer à rien, et tu le sais, pour éviter ce malheur il faudrait une application, une ardeur, un zèle dont tu n'es pas capable ? — Oh ! Maman, je crois qu'il vaut encore mieux s'appliquer à l'étude que de ne rien faire du tout, vous me soutiendrez, vous m'encouragerez ; je sens qu'il m'est impossible de rester dans cette inactivité à laquelle je suis condamnée, j'en mourrais, l'ennui me consume, je n'ai plus d'appétit, je ne dors presque plus ; ma chère Maman, vous m'aiderez à travailler, tandis qu'ici vous ne pouvez m'aider à supporter l'ennui, puisqu'il vous est défendu de causer avec moi, je suis réduite à vivre comme un animal. — Oui, mais tu n'as plus que huit jours à passer ainsi, et après cela tu n'auras plus la peine d'étudier pour savoir. — Et que ferais-je de mon tems ? Je le sens bien, maintenant, ce n'est pas l'étude qui est insupportable, c'est l'oisiveté. — Je le pense bien comme cela, mais réfléchis bien qu'une fois que tu auras renoncé à l'avantage que t'offre ce philtre merveilleux, un travail opiniâtre peut seul te préserver de l'imbécilité. — Ma chère maman, interrompit Laurette, seule je n'oserais répondre de moi, mais avec votre secours j'espère pouvoir éviter ce malheur. — Ma fille, pèse bien la conséquence de ta résolution, n'en as-tu pas dit autant à ce respectable vieillard, qui, mieux que toi connaissait la fatigue de la tâche qu'il t'imposait; n'as-tu pas cru pouvoir la soutenir. — Oui, Maman; je ne comptais que sur moi, et je me repose sur vos bons soins et sur l'aide de Dieu, car il doit bénir une résolution louable, et celle d'acquérir de la science par l'oisiveté ne l'était pas, attendu que je ne la regardais pas comme une peine, mais plutôt comme le moyen d'éviter l'étude que je n'aimais pas. — Madame de Blainville fut surprise de la justesse de la réflexion de sa fille, elle vit que si elle était en retard du côté de l'instruction, elle ne l'était pas du côté du jugement et des idées religieuses et morales qu'elle n'avait pas négligé de lui inculquer; elle remercia intérieurement le ciel, et lui demanda d'achever son ouvrage; elle embrassa donc de nouveau sa Laurette en lui faisant encore quelques objections; puis cédant à ses instances, elle remit le flacon qu'elle avait tiré du coffret, le referma, et donnant à sa fille ses livres d'études qu'elle avait relégués comme inutiles, au haut d'une armoire, elle l'engagea à implorer d'abord l'assistance de Dieu, se mit avec elle en prières; puis, avec cette confiance qu'inspire toujours à l'homme l'idée de la protection divine, Laurette se mit à étudier; mais elle le fit avec des dispositions qu'elle n'avait jamais eues : c'est-à-dire, avec attention , avec le désir de surmonter les difficultés, et l'application nécessaire pour y parvenir; il ne lui vint pas à l'idée de regarder à la pendule , pour voir si l'heure de la récréation approchait, aussi fut-elle étonnée, non-seulement, de lire couramment à la seconde fois, mais de s'amuser de cette lecture , parce qu'elle avait compris ce qu'elle lisait, chose qui ne lui était jamais arrivée; et enfin , lorsqu'on vint avertir sa mère que le déjeûner était servi, elle ne comprenait pas qu'il put déjà être dix heures : alors elle se jeta dans les bras de madame de Blainville , en lui disant , maintenant je vois combien j'étais insensée de redouter l'étude ; ah! ma chère maman, il me fallait cette leçon pour me corriger de ma sottise ; le vieillard avait raison, c'était l'application qui me manquait ; c'est par l'oisiveté qu'il a vaincu ma paresse ; je n'ai plus besoin de la crainte de l'effet du philtre pour travailler , il est très-vrai, qu'en restant ignorante, je serais devenu un objet de mépris pour tout le monde ; mais sans cela je chercherais encore dans le travail, le moyen d'échapper à l'ennui, et celui de trouver mes recréations agréables.

Enchantée de trouver dans sa fille tant de raison unie à autant d'intelligence , madame de Blainville ne put retenir de douces larmes ; Laurette en les sentant couler sur son col redoubla ses caresses, et reçut celles de sa tendre mère qui la pressa contre son cœur ; les maîtres furent rappelés ; Laurette éclairée par l'expérience , prit chaque jour plus de goût pour l'étude, elle fit, par son application, des progrès surprenans , et vit que le vieillard avait eu raison de l'assurer qu'elle avait reçu de la nature les plus heureuses dispositions mais que le travail seul pouvait les développer.—Je vous remercie, mon papa, s'écria le petit Paul, Laurette ne sera pas seule à se corriger, je vous le promets ; je profiterai de la leçon, et vous n'aurez plus à vous plaindre de moi. — Je le désire, mon enfant, reprit monsieur de Frémincourt : en achevant ce souhait, il embrassa sa petite famille qui fut se coucher.

Lith de Engelmann.

Le Canal de l'Ourcq.

Papa, dit un matin, à M. de Frémincourt, le jeune Hippolyte, vous m'avez promis de me faire voir le Canal de l'Ourcq, il fait bien beau aujourd'hui, si vous n'aviez pas d'affaires qui vous retinssent, ce serait un bon moment pour cette promenade. — Tu as raison, mon ami, répondit son père, va demander à ta maman si elle veut être de la partie avec ta sœur et les enfans. En deux sauts Hippolyte traverse l'appartement, fait sa commission, et un quart d'heure après la famille était en voiture : arrivé à la barrière Saint-Martin, on mit pied à terre, et on suivit les bords du Canal, jusqu'à la Villette, où il forme un bassin magnifique ; les enfans furent enchantés par la vue de cette belle nappe d'eau, et témoignèrent le désir de se promener dessus dans une des nacelles, destinées à cet usage ; M. de Frémincourt y consentit, et l'on s'embarqua pour cette paisible navigation.

Voilà un beau bassin, mon cher papa, dit Hippolyte; mais un canal n'est pas une rivière; où a-t-on puisé cette eau ? — Mon ami, son nom te l'indique, c'est de la rivière de l'Ourcq; que l'on a commencé de creuser à Mareuil, et dont on a réuni les eaux à celles des petites rivières de Beuvronne, de Terrouane, de May et de la Grisette pour former ce canal qui, depuis Mareuil jusqu'à Lizi a trente pieds de largeur, depuis Lizi on a resserré son lit, il n'a plus que 10 pieds 8 p. de large; mais c'est bien suffisant pour la navigation; car tu t'imagines bien, mon fils, que le Gouvernement ne s'est pas imposé une dépense de 24 millions que coûtera ce canal seulement pour procurer aux Parisiens une promenade de plus; le but de ce bel ouvrage a été d'ouvrir une communication entre le canal de St-Quentin, la Seine et la Marne, ce qui est un avantage immense pour le commerce, et qui rendra Paris l'entrepôt général de toute la France; le canal doit se rendre dans les fossés de la bastille, où il formera une garre qui communiquera à la Seine par une levée percée de deux arcades dans l'une desquelles sera une écluse pour élever les eaux du canal à volonté pour le passage des bateaux dans la Seine. — Pardon, papa, qu'est-ce que c'est qu'une garre ?— C'est un endroit où les bateaux se trouvent à l'abri des dégats que causent les grandes crues d'eaux, les glaces, au moment où les rivières charient ou se dégèlent, ce qui ne peut avoir lieu que par des bâtisses qui rompent le courant, or le canal ne communiquant qu'à volonté, et par le moyen d'une écluse avec la Seine, se trouve à l'abri du courant, et forme une garre excellente. — Je comprends, papa;— Je voulais te dire que ce canal a encore une autre utilité, c'est qu'il fournit de l'eau à un aqueduc qui la distribue dans tout le nord de Paris, il a 14,700 toises de long et fournit 15,768 muids d'eau en vingt-quatre heures, ce qui est une chose aussi essentielle que précieuse, pour une ville aussi populeuse que Paris et qui lui manquait autrefois et en rendait l'habitation peu saine pendant les chaleurs. Ce canal a été commencé le 22 septembre 1802; les constructions en ont été suspendues en 1814, elles ont été reprises en 1818, et elles se poursuivent maintenant de manière à faire espérer que nous les verrons bientôt s'achever, ce sera un embellissement bien précieux pour la capitale.

Comme M. de Frémincourt achevait ces mots, Paul se glissa entre ses jambes, en disant, papa, j'ai bien faim; ah! voilà ce que c'est que de s'embarquer sans provisions, répondit le papa, maintenant comment faire? — Regagner la terre, répartit Paul, ce n'est pas bien difficile, je crois, car nous n'en sommes pas loin. M. de Frémincourt sourit, il avait voulu savoir si l'enfant se laisserait effrayer par l'idée d'être sur l'eau, sans pouvoir se procurer à manger, et il fut satisfait de la présence d'esprit du petit bonhomme. On retourna donc à terre où l'on déjeûna avec des œufs frais et du pain bis, ce qui parut délicieux, parce que c'était inusité; car tel est le naturel de l'homme, que tout ce qui sort de ses habitudes le charme lors même que ce qui lui est offert, est moins bon, moins agréable que ce qu'on lui sert ordinairement. M. de Frémincourt en fit la remarque, et en prit occasion de dire à ses enfans, que l'attrait de la nouveauté était une des choses contre lesquelles il fallait bien se tenir en garde; quand aux alimens, ajouta-t-il, c'est la moindre des choses, ce n'est pas de cela dont je veux parler, mais de ce désir qui nous porte sans cesse vers ce qui est nouveau et qui produit l'engouement et l'inconstance. — Qu'est-ce que l'engouement, papa ? — C'est ce sentiment de prédilection que l'on conçoit à la première vue d'une personne, ou d'une chose, qui fait que l'on s'enthousiasme pour elle sans examen, et que l'on s'en dégoute ensuite avec aussi peu de raison ; c'est une chose extrêmement nuisible en éducation, parce qu'on effleure alternativement les arts et les sciences, et qu'on n'achève aucune étude : plus nuisible encore dans la société parce qu'on se lie avec le premier venu, on est ami intime sans savoir avec qui ; et l'on se brouille , avant pour ainsi dire , d'avoir fait une entière connaissance, on risque, par ce défaut de perdre sa réputation et quelquefois son honneur, et sa fortune. J'ai connu un jeune homme à qui cela est arrivé, et il n'a pas moins fallu que cette leçon , pour le guérir de cette manie de s'enthousiasmer pour tout ce qu'il voyait , ou pour tout ce [dont on lui parlait. Il avait été mon camarade de collége , et à cette époque on le louait de la facilité avec laquelle il apprenait tout ce qu'il voulait; ses études finies, il désira cultiver le dessin , il voulait être peintre parce qu'il avait un ami peintre : au bout de quelque tems il abandonna la peintre pour la sculpture, puis il laissa la sculpture pour la musique ; il parcourut tous les instrumens sans se fixer à aucun, enfin, tout-à-coup il se prit de belle passion pour le commerce, il s'était engoué d'un jeune homme dont le ton et les manières étaient bons, qui se disait d'une famille de province honorable et riche ; mais que personne ne connaissait le père de cet étourdi était mort, et à vingt-cinq ans possesseur d'une très-belle fortune, heureusement pour lui il avait encore sa mère qu'il aimait beaucoup.

Son nouvel ami l'engagea à vendre les propriétés que lui avait laissé son père, pour faire des opérations de commerce qu'il lui proposait, et qui devaient, disaient-ils, doubler sa fortune; aussitôt, tout fut mis en vente, et il aurait tout perdu, si sa mère, qui redoutait les conseils de cet inconnu, ne lui eut demandé de lui laisser la jouissance d'une terre qu'elle aimait beaucoup, et qui rapportait six mille livres de revenu. Il eut la délicatesse de ne pas vouloir refuser à sa mère ce qu'elle désirait, et lui donna cette propriété pour toute sa vie; le reste fut vendu à l'ami intime, qui avait désigné les achats à faire, les reviremens, et qui, un beau matin, lorsqu'il eut bien arrangé et calculé les choses de manière à être hors de toute atteinte et bien en sûreté, disparut sans laisser aucune trace qui puisse le faire découvrir, et laissa sa pauvre dupe entièrement dépouillée. Pour ajouter à son dépit, ce frippon eut l'effronterie de lui écrire, « qu'il le remerciait d'avoir fait sa fortune, « mais que par reconnaissance il croyait devoir lui donner le conseil de ne pas ac- « corder sa confiance aux gens sans les connaître; grâce à vous, ajoutait-il, je « vais maintenant vivre en honnête homme, puisque me voilà riche; mais jus- « qu'ici je n'avais été qu'un filou de bonne compagnie, un de ces hommes comme « il y en a tant dans ce monde, qui vivent aux dépens de ceux qu'ils peuvent « attraper. A votre tour, tachez d'attraper quelqu'un, ou servez-vous d'un des « nombreux talens que vous avez essayé d'acquérir. »

La raillerie était sanglante, car, si la mère ne lui avait pas demandé la terre qu'il lui avait laissée, ou qu'il n'eut pas été assez bon fils pour l'accorder, il se fut, en effet, trouvé réduit à devenir, non pas artiste, car il ne s'était pas donné le tems d'en acquérir le talent, mais ouvrier; ce fut ce qu'il fit d'abord dans son dépit, d'avoir été le jouet de ce frippon, il avait un tour, et il avait apprit à tourner pendant un mois avec cette ardeur, cet enthousiasme qu'il mettait à tout ce qu'il commençait, mais lorsqu'il voulut utiliser ce talent, il se trouva qu'il ne savait presque rien, et n'était pas capable de grand'chose, il voulut essayer de se faire recevoir dans la musique de quelques théâtres; il n'était pas en état d'y faire sa partie, il en fut de même de tout. Le même enthousiasme avait été suivi de la même inconstance, et il en était désolé. Lorsque sa mère, qui n'avait voulu que lui ménager une ressource, le voyant suffisamment éclairé sur les suites de ce défaut dont rien n'avait pu le corriger, lui rendit sa propriété en le priant d'éviter désormais de se laisser aller à ce penchant qui l'entraînait toujours vers ce qui était nouveau, en lui faisant observer qu'il était bien heureux d'en avoir été quitte pour la perte de sa fortune, car si cet homme qui avouait lui-même n'être qu'un filou, avait été atteint par la justice dans le tems où il était son ami, où il était partout avec lui, certainement il eut pu être compromis de maniére à perdre sa réputation, et peut-être même à être tout-à-fait déshonoré. Cette pensée dont il ne pouvait révoquer la vérité, le fit frémir et le guérit pour jamais; mais c'est acheter l'expérience un peu cher. Tâchez, mes chers enfans, de profiter de cet exemple, pour éviter ce défaut, ne changez pas de goût dans vos études, quand vous avez fait choix d'un talent ou d'une occupation quelconque, persévérez, et vous viendrez à bout des difficultés, vous arriverez au premier rang, et vous acquerrez avec l'estime de vos concitoyens des moyens de fortune ou de gloire; les enfans le promirent et on reprit gaiement le chemin de la maison.

Les beaux jours s'écoulent rapidement à quelque période de la vie que l'on soit, mais dans la jeunesse ils n'ont que la durée d'un songe , aussi, Hippolyte vit-il arriver la fin des vacances, sans chagrin, mais avec étonnement; il demanda à son père, de le conduire, avant de retourner au collége, au cabinet de minéralogie de la Monnaie, celui-ci y consentit, et ils se mirent en chemin; il fallait traverser le Pont-Neuf, et cela donna occasion au jeune homme de demander, si le pont avait été bâti nouvellement. — Non, lui répondit M. de Fremincourt, il fut construit de 1578 à 1604, probablement on lui a donné ce nom au moment où il fut achevé, et il lui est resté, mais le mouvement perpétuel, qui renouvelle à tout instant les scènes qu'il offre aux regards de l'observateur, pourrait encore le lui faire donner à juste titre; examine cette multitude de gens, dont les uns passent rapidement avec un air affairé qui annonce qu'ils connaissent la valeur du

Lith. de G. Engelmann.

temps et l'importance d'une minute de retard, tandis que d'autres, s'arrêtant à chaque pas, prêtent attention à tous les genres de charlatans, de crieurs et de marchands, qui de tous temps ont pris ce pont pour le théâtre de leurs opérations, comme le lieu où il se rencontre le plus d'oisifs, et par conséquent de dupes. Vois cette marchande de gâteaux de Nanterre, on l'appelle la Belle-Madeleine, par ironie, car elle est laide comme le péché, et cet autre dont le chapeau est garni de sonnettes, et ces tondeurs de chiens qui attirent les regards par le style burlesque de leurs enseignes : ce tableau mouvant devient intéressant pour celui qui, se mêlant aux différens groupes, examine et écoute tout ce qui s'y passe et s'y dit ; mais ce n'est pas encore à ton âge que l'on pourrait en sentir tout le piquant.

En ce moment le père et le fils se trouvaient sur le terre-plein, au pied de la statue du bon Roi. — C'est Henri IV, je crois, mon papa, dit Hippolyte. — Oui, mon fils, c'est celui dont le peuple chérit encore la mémoire, le seul peut-être dont il gardera le souvenir, et cela non-seulement parce qu'il était bon, mais parce qu'il aimait véritablement le peuple, qu'il voulait le rendre heureux, et ne s'entourait pas d'une escorte importune qui l'empêchait d'en être approché ; il était populaire de cœur, prenait plaisir à entendre l'expression naïve du sentiment qu'il inspirait ; il ne craignait pas la vérité, aussi trouva-t-il des amis qui osèrent la lui dire. Rien ne peint mieux la sécurité parfaite qu'il inspirait à cet égard, que ce mot de d'Aubigné, l'un des hommes de sa cour qui lui était le plus attaché, mais qui, croyant avoir à se plaindre du Roi, et se trouvant dans sa chambre avec un

autre seigneur, pendant que Henri dormait, lui exposait, en termes peu ménagés, les reproches qu'il avait à faire au Roi : celui-ci fit un mouvement et
toussa pour l'avertir qu'il l'entendait ; mais d'Aubigné, loin de s'arrêter, se retourne et lui dit : « Dormez, dormez Sire ; j'en ai encore bien d'autres à dire. »
Il fallait être bien certain de l'indulgente bonté du Monarque, pour avoir la
hardiesse de s'exprimer ainsi. La réponse du Roi justifia la confiance de son sujet ;
car, ne dédaignant pas de s'excuser vis-à-vis de celui-ci, il lui dit : « Comment
veux-tu que je fasse quelque chose pour mes amis, lorsqu'il faut que j'achette mes
ennemis ! je suis sûr de vous autres, vous ne me manquerez pas ; mais ceux-là, il
faut des chaînes d'or pour les retenir... Sois donc patient et compte sur le cœur
de ton Roi. » C'est ainsi que, dépouillant véritablement tout l'orgueil du rang,
il livrait son âme au sentiment, et était adoré parce qu'il aimait lui-même avec
sincérité. Louis XII, qui fut nommé le père du peuple, l'aima aussi ; mais sa
popularité ne fut qu'un projet qu'il n'eut pas le temps d'exécuter. Entraîné par
des guerres, il ne put réformer qu'une partie des abus qui pesaient sur le peuple,
et cependant ce peuple lui en sut gré : il n'est pas ingrat comme on se plaît à le
dire, et rien n'est plus facile à un souverain que d'en être chéri ; qu'il éloigne
de sa personne la trompeuse flatterie ; qu'il recherche et aime la vérité ; qu'il
ne s'offense jamais de ce qu'elle pourra avoir d'austère et de piquant ; qu'il l'accueille sous quelque forme qu'elle se présente, et il en recevra des lumières qui
lui donneront les moyens de se faire adorer. — Papa, quelle est cette fumée ?

où court tout le monde ? interrompit Hippolyte. — Je ne sais, reprit M. de Fremincourt; mais suivons, nous allons en être instruits. Ils suivirent en effet jusqu'au milieu de la rue Dauphine ; mais bientôt après ils furent arrêtés par la multitude, et forcés de se mettre dans les rangs qui se formaient pour porter du secours à un incendie qui éclatait : en cet instant on entendit de toute part, c'est à l'Odéon, le feu est à l'Odéon.

Incendie de l'Odéon.

C'était en effet le théâtre de l'Odéon qui brûlait : il devenait, pour la seconde fois, la proie des flammes, et ce fut en vain que les plus prompts secours y furent portés. Comme l'incendie venait de l'intérieur, et dans un temps où tout était fermé, on n'avait pu l'apercevoir que lorsqu'il s'était fait jour en éclatant à l'extérieur ; on ne put donc rien sauver, ni des décorations, ni des costumes, tout fut consumé. Était-ce à la négligence ou à toute autre cause que ce malheur devait être attribué, c'était ce qu'on se demandait, mais ce que l'on ne pouvait savoir ; chacun s'empressa pour contribuer à arrêter les progrès du feu. Plusieurs personnes exposèrent leurs vies pour s'assurer qu'aucun être vivant n'était enfermé dans l'enceinte qui était la proie des flammes : tous ceux qui étaient logés aux alentours furent secourus à temps, mais le théâtre perdit tout son mobilier, le bâtiment fut entièrement consumé à l'intérieur et la salle fut détruite. M. de

Lith. de G. Engelmann

Fremincourt et son fils travaillèrent de toutes leurs forces , et ne cherchèrent pas à fuir le danger, au contraire , ils essayèrent plusieurs fois de s'approcher du théâtre ; mais les pompiers s'étaient emparés de toutes les issues, et il fallait se borner à servir leurs manœuvres, ce que firent le père et le fils, avec courage et patience pendant plus de sept heures ; à la fin épuisés de fatigues, ils cédèrent la place à d'autres , et se retirèrent tout couverts de sueur et de boue, et noircis par la fumée. Ce fut en cet état qu'ils arrivèrent chez eux sans y avoir fait attention, car ils étaient montés dans le premier fiacre qu'ils avaient rencontré, et avaient été occupés tout le long du chemin de la perte que cette société venait de faire : ce ne fut qu'au cri que poussa madame de Fremincourt en les apercevant, que le père et le fils se regardèrent et ne purent s'empêcher de rire , ce qui fit disparaître l'effroi qu'avait éprouvé madame de Fremincourt à leur aspect ; ils se hâtèrent de lui apprendre la cause du désordre de leur toilette ; et, après s'être informée si ils n'étaient pas blessés, si il y avait eu quelques victimes du feu , elle les engagea à aller changer d'habits afin de ne pas s'exposer à être incommodés.

Le Carnaval.

Le jeune Hippolyte était rentré au collége et y avait travaillé avec un redouble-
ment d'activité, afin de prouver à ses parens combien il avait à cœur de mériter
leurs bontés, et combien il était reconnaissant des plaisirs qu'ils lui avaient pro-
curés pendant les vacances. Le Carnaval vint interrompre les études pour quelques
jours ; et M. de Fremincourt, toujours complaisant, mena toute la famille voir
passer les masques sur le boulevard, comme étant l'endroit où les piétons sont le
moins exposés aux accidens que peuvent occasionner les voitures.

Les enfans s'amusèrent beaucoup de la diversité des figures qui passaient sous
leurs yeux ; mais Hippolyte, qui était accoutumé à réfléchir, ne s'en tint pas
seulement au spectacle, il voulut savoir d'où venait l'usage de cette espèce de
folie, qui chaque année se reproduisait régulièrement pendant trois jours : car,
ajoutait-il, je conçois qu'on s'amuse de ce spectacle ; mais quel plaisir peut-on

Lith de Engelmann.

avoir à en être acteur. Comment peut-on trouver quelque chose de gai à se couvrir d'un habit ridicule ou bizarre, pour courir les rues sans autre but que celui d'amasser autour de soi les petits polissons, et de les entendre crier à la chiant-lit ? Je ne comprends pas quelle espèce de divertissement on peut prendre à cela. — Je ne le conçois pas plus que toi ; cependant il est certain que cet usage, qui nous est resté des anciennes fêtes du paganisme, se serait aboli de lui-même si les peuples n'y eussent pas trouvé quelque amusement, car tu dois savoir que ce n'est pas seulement en France que ces mascarades ont lieu ; mais aussi en Italie, à Venise, à Rome même, où le gouvernement d'un Pontife semblerait avoir dû bannir tout ce qui pouvait retracer le souvenir des fêtes des faux dieux : il est vrai que, dans ces pays, le peuple a dû tenir d'autant plus à ces fêtes, que ces jours-là sont pour lui des jours de liberté, et peut-être les seuls de l'année où il puisse se livrer avec impunité à la vivacité de son caractère ; il en use avec ivresse, et il n'est pas rare de le voir et de l'entendre, sous le masque de la folie, se venger dans ces jours de grâce des vexations qu'il est obligé de souffrir dans le cours de l'année. Mais si cela peut avoir lieu, dans ces pays qui gémissent sous l'oppression de puissances tyranniques, il n'en est pas de même en France où en tout temps on a à peu près la liberté de dire ce que l'on veut. Il ne faut donc attribuer cette espèce de démence périodique qu'à l'envie de s'amuser, but qu'atteignent ceux qui s'y livrent au moyen de réunions bachiques qui suivent toujours les promenades des masques.

— Qu'appelez-vous des réunions bachiques, papa, interrompit le petit Paul ? —

Mon enfant, les payens appelaient le dieu du vin, Bacchus ; et de-là on a nommé réunions bachiques celles où on se rassemblait pour boire et manger. — Merci, papa, je n'oublierai pas cela. — Tous ces gens que tu vois ici masqués vont se réunir ce soir par groupes de cinq, six, douze personnes dans des guinguettes qui sont de grands cabarets aux barrières, où le vin est à bon marché, et où ils trouvent des mets à leur goût ; là ils oublient les fatigues du jour, ils mangent, boivent et dansent jusqu'à ce qu'ils tombent de lassitude ou d'ivresse. Autrefois il en était une appelée le Grand-Salon, qui offrait un tableau si bizarre, que nos Princes même la visitaient ordinairement la nuit du Mardi-Gras.

Je ne sais pas si elle a repris son ancienne vogue ; mais ce que je sais, c'est que je n'ai jamais pu m'accoutumer à regarder ces sortes d'orgies comme un spectacle amusant. Les bals masqués même, soient ceux des grands seigneurs, soient ceux de l'Opéra, ne m'ont jamais été agréables, et ce n'a été que par curiosité que j'y ai été quelquefois passer une heure ou deux. Je n'y ai jamais trouvé un amusement bien vif. Mais dans six semaines ces mêmes boulevards seront le théâtre d'une folie d'un autre genre, ce sera la promenade de Longchamp : comme tu seras à ton collège, je vais t'en faire la description.

lith de Engelmann.

Promenade de Longchamp.

La promenade de Longchamp a lieu les trois derniers jours de la semaine Sainte : elle commence aux boulevards de la Madelaine, et se prolonge en suivant la grande avenue des Champs-Élysées jusqu'au bois de Boulogne ; ce sont les gens riches et ce que l'on appelle la haute société, qui donnent le spectacle aux piétons, qui, assis des deux côtés de l'avenue, regardent passer deux files de voitures qui rivalisent d'élégance et de luxe. Les plus beaux chevaux, les plus brillans équipages, les livrées les plus bizarres, les toilettes les plus fraîches et les négligés les plus recherchés, sont étalés avec orgueil aux yeux de la multitude qui envie ou se moque de ce faste souvent imposteur ou ridicule.

Cette promenade avait autrefois pour but l'abbaye de Longchamp, qui était située au bout du bois de Boulogne. De jeunes pensionnaires y chantaient les ténèbres, et toute la belle société de Paris courait entendre leurs belles voix, et leur musique

toute céleste. Les désœuvrés, qui trouvaient les spectacles fermés pendant la semaine Sainte, trouvaient piquant d'aller dans un couvent entendre des chants sacrés : telle fut l'origine de la promenade de Longchamp. L'abbaye fut détruite, et
le plaisir de se montrer dans tout le luxe de ses équipages, a établi l'usage de continuer la promenade à la même époque. Je pense que la difficulté d'employer le
temps en amusemens pendant ces jours consacrés à la prière et aux solemnités
graves de la religion, entre aussi pour quelque chose dans l'habitude de cette promenade ; car il est à remarquer, mes enfans, que les personnes qui, par leur
fortune, n'ont pas besoin de se livrer au travail, et n'ont pas le bon sens de se
créer des occupations en cultivant avec application quelque talent, et en se faisant
une loi d'y consacrer chaque jour un temps déterminé : ces personnes, dis-je, ne
savent comment employer les heures ; elles sont plus embarrassées de leur journée
que nous ; le temps les tuent lorsqu'elles ne peuvent le tuer. Peut-être le désœuvrement et la difficulté d'employer le temps en amusement, pendant ces jours consacrés à la prière, entre-t-il aussi pour quelque chose dans l'habitude de cette promenade.

Le désœuvrement est le plus grand ennemi des gens riches, puisqu'il leur fait
éprouver l'ennui, ce fléau de la vie des oisifs, qui fanne et détruit tout, empoisonne
leurs plaisirs et les laisse en proie au dégoût. C'est ainsi, mes amis, que la sagesse
divine a rendu évidente la vérité de l'arrêt prononcé par elle sur le genre humain :

« L'homme en punition de sa désobéissance sera condamné au travail, à la douleur,
« à la mort. »

Nul ne peut se soustraire à la puissance de cet arrêt ; en vain l'orgueil du rang, de la naissance ou des richesses lui promettent de l'éluder ; s'il prête l'oreille à leurs trompeuses amorces, il ne trouvera bientôt, dans ses longues journées, que la satiété et l'insupportable poids de son inutilité ; les maladies, suite de l'intempérance et de l'abus des plaisirs viendront l'assaillir, et l'inévitable mort viendra le surprendre au milieu d'une existence vide de bonnes œuvres, parce que l'homme oisif n'a jamais assez d'argent pour suffire à tous les amusemens auxquels il est obligé d'avoir recours pour tâcher d'échapper à l'ennui. Il ferme donc son cœur à la plus douce des jouissances, celle d'être utile à ses semblables ; au lieu qu'en se soumettant à la loi divine, en consacrant à un travail réel et assidu une partie de son temps, on multiplie ses plaisirs en y apportant le contentement de soi-même, la gaîté, la disposition à s'amuser, on n'a pas besoin de ces distrations onéreuses au milieu desquelles on retrouve souvent l'ennui ; on ne le connaît pas ; l'âme heureuse est ouverte à la bienveillance et sait apprécier l'inépuisable plaisir d'aider de secours l'infortuné, elle sait consoler l'affligé et soulager la douleur. Le travail, en conservant l'âme dans cette heureuse situation conserve encore la santé, s'il ne préserve pas de toutes les maladies, il en épargne beaucoup, et au moins quand arrive l'instant où il faut rendre compte de l'emploi du temps, de bonnes actions viennent intercéder pour obtenir le pardon des fautes échappées à la faiblesse humaine.

Remplissons donc notre tâche avec courage, et soyons bien persuadés que, quelque soit notre position dans la société, avec des sentimens de religion, l'amour du travail et celui de nos semblables, nous ne pouvons être malheureux long-temps ni entièrement accablés par l'infortune. Dieu a dit, aide-toi, je t'aiderai; et sa parole est toujours vraie.

Lith de Engelmann.

Pour reconduire Hippolyte au collége, il fallait passer par la place du Palais de justice, M. de Frémincourt et son fils se trouvèrent tout-à-coup en face d'un échafaud, sur lequel étaient exposés des filoux ; voilà, mon enfant, lui dit son père, où conduisent le manque de religion, la vanité et la paresse ; j'aurais voulu t'épargner ce spectacle révoltant ; je suis sûr que tu n'en as pas besoin, celui qui ne s'abstient de mal faire que par la crainte du châtiment n'est pas vertueux et succombera à la tentation, quand elle sera assez forte pour inspirer l'espoir qu'il ne sera pas découvert, et qu'il pourra échapper à la punition. Espoir chimérique, car, Dieu voit tout, et sait faire découvrir les choses les plus cachées, quand le moment marqué par sa sagesse est arrivé. Mais puisque le hasard nous a conduit ici ; que cette triste scène grave à jamais dans ta mémoire, que l'homme ne peut jamais impunément s'écarter de la route tracée par le devoir, que la plus légère déviation aux principes sacrés de la religion et de l'honneur peuvent conduire au crime et à l'échafaud ; que le seul moyen pour être heureux, estimé, et honoré, est d'être vertueux, de remplir sincèrement les devoirs de son état avec courage, la réussite viendra certainement couronner nos efforts, et plus sûrement encore le sentiment intérieur d'avoir fait tout ce que l'on a dû, de n'avoir rien à se reprocher, consolera, soutiendra l'âme, et lui donnera la force de surmonter toutes les difficultés, et de vaincre tous les obstacles ; l'homme vertueux est heureux au sein des privations, tandis que le vicieux et le criminel poursuivis par le sentiment de leurs mauvaises actions, ne trouvent au sein, même des richesses, que la pointe acérée du remord, le poids du mépris les accablent et leur châtiment suspendu sur leur tête finit par les écraser ainsi que tu les vois en ce moment. Maintenant ces malheureux vont aller dans les galères, achever leur coupable existence, ou s'ils n'y sont que pour un temps, ils rapporteront dans la société le sentiment de leur ignominie, le mépris qui les poursuivra, les rejettera dans la route du crime. « L'honneur est comme une île escarpée et sans bords ; on « n'y peut plus rentrer dès que l'on en est dehors, » a dit un de nos poëtes, et en effet, il est extrêmement rare que celui qui a vieilli dans l'asile du crime, puisse en sortir meilleur. Évitons donc tout ce qui peut y conduire, soyons vertueux, soyons bons, humains, charitables, soyons laborieux surtout ; car, le travail est un préservatif certain contre les vices.

FIN.

www.ingramcontent.com/pod-product-compliance
Lightning Source LLC
LaVergne TN
LVHW021731170726
843503LV00004B/1504